Tirso de Molina

La huerta de Juan Fernández

Créditos

Título original: La huerta de Juan Fernández.

© 2024, Red ediciones S.L.

e-mail: info@linkgua-ediciones.com

Diseño de cubierta: Michel Mallard.

ISBN tapa dura: 978-84-1126-224-8.
ISBN rústica: 978-84-9953-224-0.
ISBN ebook: 978-84-9953-223-3.

Cualquier forma de reproducción, distribución, comunicación pública o transformación de esta obra solo puede ser realizada con la autorización de sus titulares, salvo excepción prevista por la ley. Diríjase a CEDRO (Centro Español de Derechos Reprográficos, www.cedro.org) si necesita fotocopiar, escanear o hacer copias digitales de algún fragmento de esta obra.

Sumario

Créditos _____ 4

Brevísima presentación _____ 7
   La vida _____ 7

Personajes _____ 8

Jornada primera _____ 9

Jornada segunda _____ 47

Jornada tercera _____ 83

Libros a la carta _____ 135

Brevísima presentación

La vida

Tirso de Molina (Madrid, 1583-Almazán, Soria, 1648). España.

Se dice que era hijo bastardo del duque de Osuna, pero otros lo niegan. Se sabe poco de su vida hasta su ingreso como novicio en la Orden mercedaria, en 1600, y su profesión al año siguiente en Guadalajara. Parece que había escrito comedias, al tiempo que viajaba por Galicia y Portugal. En 1614 sufrió su primer destierro de la corte por sus sátiras contra la nobleza. Dos años más tarde fue enviado a la Española (actual República Dominicana), regresó en 1618. Su vocación artística y su actitud contraria a los cenáculos culteranos no facilitó sus relaciones con las autoridades. En 1625, el Concejo de Castilla lo amonestó por escribir comedias y le prohibió volver a hacerlo bajo amenaza de excomunión. Desde entonces solo escribió tres nuevas piezas y consagró el resto de su vida a las tareas de la orden.

Personajes

Doña Petronila.
Tomasa.
Don Fernando.
Laura.
Mansilla.
El Conde Galeazo.
Roberto.
Un criado.
Una huéspeda.
Un alguacil.
Marcos, Pablo, mozos de mulas.

Jornada primera

Salen de camino Doña Petronila, vestida de hombre con bota y espuela, y Tomasa por otra puerta como lacayuelo, el capotillo con muchas cintas.

Tomasa	Un cuartillo de cebada le basta y sobra; que, en fin, es pollino y no rocín.	
Doña Petronila	¿Hacéis a Madrid jornada, gentilhombre?	5
	A su servicio.	
Doña Petronila	¿De dónde?	
Tomasa	Hoy salí de Ocaña.	
Doña Petronila	¿Vais solo?	
Tomasa	No me acompaña sino un jumento, novicio en la albarda, porque es nuevo, y anteayer se destetó.	10
Doña Petronila	Si tres leguas caminó, no me parece, mancebo, que es el pienso suficiente de un cuartillo.	
Tomasa	Coma paja.	
Doña Petronila	Quien no come, no trabaja.	15
Tomasa	Como pobre se sustente; que no tiene de igualarse,	

dando ocasión a la gula,
un asno con una mula.
La paja ha de compararse 20
   en las bestias con el pan,
la cebada con el queso;
y ya sabéis, según eso,
que es poco el queso que dan.
   ¿Por qué pensáis vos que España 25
va, señor, tan de caida?
Porque el vestido y comida
su gente empobrece y daña.
   Dadme vos que cada cual
comiera como quien es, 30
el marqués como marqués,
como pobre el oficial.
   Vistiérase el zapatero
como pide el cordobán,
sin romper el gorgorán 35
quien tiene el caudal de cuero.
   No gastara la mulata
manto fino de Sevilla,
ni cubriera la virilla
el medio chapín, de plata. 40
   Si el que pasteliza en pelo,
sale a costa del gigote,
el domingo de picote,
y el viernes de terciopelo;
   cena el zurrador besugo, 45
y el sastre come lamprea,
y hay quien en la corte vea
como a un señor al verdugo;
   ¿qué perdición no se aguarda
de nuestra pobre Castilla? 50
El caballo traiga silla,

	y el jumento vista albarda;	
	coma aquél un celemín,	
	y un cuartillo a esotro den;	
	porque el jumento no es bien	55
	que le igualen al rocín.	
Doña Petronila	No os han de faltar molestias,	
	si no templáis ese humor,	
	y os pudrís reformador,	
	comenzando por las bestias.	60
	¿Quién diablos os mete a vos,	
	tan mozo, en esos pesares?	
	Los vestidos y manjares	
	comunes los hizo Dios.	
Tomasa	Engañáisos.	
Doña Petronila	¿Qué me engaño?	65
Tomasa	Perdonadme esta simpleza.	
	¿Por qué hizo naturaleza	
	el tabí, la seda, el paño,	
	la holanda, el cambray, y estopa,	
	distintos al tacto y vista?	70
	Porque cada cual se vista	
	según su estado la ropa.	
	Dentro de una misma especie	
	hallaréis que el universo	
	hizo su manjar diverso,	75
	de que cada cual se precie.	
	El racimo moscatel	
	y albillo, que al noble pinta;	
	la cepa jaén y tinta	
	para el que rompe buriel.	80

             El noble melocotón,
         que deleita al caballero,
         con el durazno grosero
         para los que no lo son,
             la amacena regalada,   85
         que el delicado conozca,
         la chabacana, más tosca,
         para el pobre dedicada.
             Ofrece una misma granja,
         en fe d'esta distinción,   90
         para el príncipe el limón,
         para el no tal la naranja.
             En el campo y el vergel
         la primavera arrebola
         para el pastor la amapola,   95
         para la dama el clavel.
             El jazmín que al muro sobre,
         y al rico aromas derrama,
         al oficial la retama,
         tomillo y romero al pobre.   100
             Pues ¿por qué, ¡cuerpo de tal!,
         si hizo el cielo distinción
         del abadejo y salmón,
         no comerá el oficial
             aquel que importa a su esfera?   105
         Y el pobre jornal que saca
         paciendo para él la vaca,
         ¿ha de gastarse en ternera?
             Están los hombres perdidos.
         No lo entiendo, vive Dios.   110

Doña Petronila   Ya se labra para vos
                 Hospital de los podridos.
                     Dejáos d'eso, por mi vida;

	que aunque con sal reprehendéis,	
	imposibles pretendéis.	115
	Mientras guisan la comida	
	en esa venta, y mi mesa	
	alegráis, a que os convido,	
	si lo que muestra el vestido	
	vuestra inclinación profesa,	120
	decidme de quién sois paje.	
Tomasa	Hélo sido de jineta	
	de un capitán que sujeta	
	la voluntad a mi ultraje.	
	Alojóse en mi lugar,	125
	(Cabañas de Yepes es)	
	estuvo en Ocaña un mes;	
	procuréle regalar	
	en mi casa labradora,	
	y el hospedaje pagó	130
	en que d'ella nos llevó	
	una hermana que le adora.	
Doña Petronila	Paga siempre ansí el soldado.	
Tomasa	Salí ofendido tras él,	
	quejándome, y el crüel	135
	dejóme a un olivo atado.	
	Sé que en la corte ha de estar,	
	y voy a darle noticia	
	al rey, y a pedir justicia.	
Doña Petronila	Fácil la vendréis a hallar;	140
	que la que a Madrid gobierna	
	no sufre burlas agora.	
	Buscaréis la labradora,	

	con plumas y galas tierna,	
	y entre tanto, si queréis	145
	servirme, estaréis conmigo.	

Tomasa   Por lo desbarbado, digo
(Señálase la barba.) que igual elección hacéis.
                  Vuestro soy desde este día,
              que engendra la semejanza   150
              amor, y tengo esperanza
              de que en vuestra compañía
                  tengo de hallar buen despacho
              del agravio que recelo.
              Ya soy vuestro lacayuelo,   155
              a lo aragonés, regacho.
                  Mudad, señor, en tú el vos;
              que el vos en los caballeros
              es bueno para escuderos.

Doña Petronila   Donaire tienes, por Dios.   160

Tomasa   ¡Oh! Pues veréis maravillas,
              y sabréis historias largas.

Doña Petronila   ¿Es tu nombre?

Tomasa   Hasta aquí, Bargas.
              Pero para vos, Barguillas.
                  ¿Y el vuestro?

Doña Petronila   Don Gómez.

Tomasa   ¡Bravo!   165
              ¿La patria?

Doña Petronila	Jaén.	
Tomasa	Mejor. Seréis hombre de valor.	
Doña Petronila	Téngole, mas no me alabo.	
Tomasa	¿Y a qué a la corte venís?	
Doña Petronila	A casarme.	
Tomasa	No lo apruebo.	170
Doña Petronila	¿Por qué?	
Tomasa	Porque, apenas güevo de la cáscara salís, y ya aspiráis para gallo. Nazcan las plumas primero; probad a Madrid soltero, quizá después de proballo mudaréis de parecer.	175
Doña Petronila	Llámame un suegro hacendado, con un ángel que pintado, aunque le nombran mujer, en belleza es superior.	180
Tomasa	Renegad de quien tal pinta; diz que hay ángeles en cinta en ese lugar, señor. Como está Madrid sin cerca a todo gusto da entrada; nombre hay de Puerta Cerrada, mas pásala quien se acerca.	185

| | Doncella y corte son cosas
que implican contradicción. | 190 |
|---|---|---|
| Doña Petronila | ¿Malicioso? | |
| Tomasa | Y con razón.
Las ciruelas más sabrosas,
   mientras con su flor se están,
en el árbol se aseguran;
pero al momento maduran
que a la banasta las dan.
   Una doncella en su casa,
ciruela en el árbol es,
que a veces, de treinta y tres,
es con flor, ciruela pasa.
   Pero en Madrid no hay ninguna
que sea lo que parece,
porque, en naciendo, se mece
en un coche en vez de cuna,
   con que a madurarse basta,
cochizando de día y noche;
que, en fin, doncellas en coche
son ciruelas en banasta. | 195

200

205 |
| Doña Petronila | Y vos un grande bellaco.
Mucho os tengo de querer,
vamos agora a comer. | 210 |
| Tomasa | Si yo de Madrid os saco,
   madrigado entendimiento
me prometo. | |
| Doña Petronila | Dad cebada
sin tasa en esta jornada, | 215 |

	Bargas, al pobre jumento;	
	que en llegando a Valdemoro,	
	le venderéis, y allí habrá	
	mula en que vais.	
Tomasa	Comprará	
	quien le ferie un asno de oro	220
	como el que Apuleyo pinta.	
Doña Petronila	¿Cómo?	
Tomasa	Sabe caminar,	
	siendo jumento, y callar,	
	que es gracia de otros distinta.	
	Que el jumento no merece	225
	nombre de tal, si se halla	
	d'este humor, pues mientras calla	
	el necio, no lo parece;	
	y hay otros mil que procuran	
	cobrar nombre de discretos,	230
	que contra ajenos defectos	
	rebuznan cuando murmuran.	
	¡Qué d'ellos ocupan sillas,	
	dignos de albardas!	
Doña Petronila	Comamos.	
Tomasa	Lampiño don Gómez, vamos.	235
Doña Petronila	Sígame, señor Barguillas.	

(Vanse.)

(Salen Don Hernando, de jardinero y Laura, condesa de dama.)

Don Hernando   Permitid, Laura mía
que mis sabrosos males,
d'estas flores haciendo tribunales,
sitial y trono d'esta fuente fría,   240
formen de vos querellas,
y os digan mis agravios,
vos la acusada, los testigos ellas;
serviránle de labios,
estos claveles bellos,   245
quejándose de vos por todos ellos.
Tres meses los sayales
en esta huerta, de Madrid recreo
me ofrecen bienes y me ferian males.
Jardinero de amor por vos me veo   250
vestido de esperanzas,
que en tristes dilaciones
se engolfan, por recelos de mudanzas,
de quimeras de amor, de suspensiones;   255
y apenas descubierto
de lejos miro el puerto,
cuando vientos contrarios se resuelven
a perseguirme, y a engolfarme vuelven;
porque el amor que mi lealtad conoce,
la playa llegue a ver, y no la goce.   260
Heredé de mi patria las desdichas
que significa el nombre
que le dio el fundador suyo primero;
Málaga la llamó, porque me asombre,
pues comenzando en mal, no tendrá dichas   265
quien es de las desgracias heredero.
Di muerte a un caballero
por celos de una dama;
temí a los ofendidos;

partíme a Italia por cohechar olvidos; 270
amparóme el de Feria, cuya fama,
digna de eternizarse entre pinceles,
vuela, con plumas no, mas con laureles.
Servíle capitán de infantería,
y Marte, fuego que el de amor enfría, 275
favorable conmigo
hizo a Milán testigo
de que aunque solo, ausente y desdeñado,
salí, si amante no, feliz soldado.
Acabóse la guerra, 280
publicóse la paz en el Piamonte;
llamábame mi tierra,
fue forzoso, mudando su horizonte,
pretender en Madrid premios debidos
al riesgo de dos años. 285
Saqué papeles bien favorecidos
del duque; mas pagaron desengaños
hazañas; que a los fieles
se les vuelven mortajas los papeles.
Nombróme camarada 290
Pompeyo, vuestro tío, en la jornada
a que le dio motivo vuestro pleito;
díjome que, aunque deudo, os competía
(en contar mis desdichas me deleito),
porque al condado justa acción tenía, 295
que en Valencia del Po, por sucesora
de vuestro padre, vuestro nombre adora.
Llegamos a esta corte,
de quien sois el Apolo, el alba, el norte; 300
supimos que esta quinta,
que eternos mayos en sus cuadros pinta,
huéspeda os adulaba.
Visitóos vuestro tío,

que entre la sangre que el valor alaba
(puesto que sea el pleito desafío), 305
pelean los letrados y oficiales,
hacen campos de guerra tribunales,
ejércitos testigos
y litigan los nobles como amigos.
Merecí, Laura hermosa, 310
veros para perderme,
que mata el áspid cuando en flores duerme.
Vi en vuestro rostro de clavel y rosa
dorados girasoles;
jazmines en su cuello trasladados; 315
en vos vi muchos soles,
puesto que en vuestros ojos duplicados
vi, en fin, la nieve en fuego,
costándome el miraros quedar ciego.
Partióse brevemente 320
el conde; que vencido
en el pleito presente,
y victoriosa vos habéis podido
con la justicia vuestra,
y más con la hermosura, 325
dar en la corte muestra
que competir con vos será locura;
pues para dar enojos,
mil fallamos pronuncian vuestros ojos. 330
Quedéme tan sin vida,
que para recobralla,
la libertad perdida
la busca, mas no la halla,
puesto que, jardinero,
entre esperanzas flores, desespero. 335
Aquí mudando el traje,
cultivaba desvelos,

grosero en el lenguaje;
que en fe de que son rústicos los celos,
celoso yo, aunque en vano,   340
por vestirme de celos, soy villano.
Declaréos una tarde
al borde d'esta fuente,
que mis pesares en sus risas llora,
mi amor, haciendo alarde   345
de humilde pretendiente,
y fueme la fortuna protectora,
pues oyéndome grata,
me hiciste poco a poco
de puro feliz, loco,   350
con favores que agora me dilata,
perseguido de agravios y temores,
que ocasionan sin fin competidores;
pero es común tributo
sembrar flores amor, sin coger fruto.   355
Tres meses de esperanzas
sirviéndoos entretengo;
recelo las mudanzas
del mar y la mujer, y agora vengo,
o a que os mostréis clemente,   360
y aseguréis partidas
que me baraja tanto pretendiente,
o a que desesperadas y homicidas
mis ansias y la fe de mis amores,
en flores muera, pues nació entre flores.   365

Laura   ¡Ay don Hernando Cortés!
¡Qué bien sigues el estilo
de la corte presurosa,
porque te dio su apellido!
A dar fondo a los quilates   370

de tu amor la fe que al mío,
horas llamaras los años,
si llamas las horas siglos.
¿Dilaciones encareces?
Caro vendes, o amas tibio, 375
porque enfermo está el amor
que desmaya a los principios.
Los propósitos jugamos,
y son tan firmes los míos
en materia de quererte, 380
que por causa tuya olvido
parientes obligaciones,
que en derecho más antiguo
fundan tálamos deseos,
que, si los oigo, no admito. 385
Sobre palabra se juega;
el crédito tengo rico;
gananciosa te levantas,
cuando cédulas te libro;
que no son ditas quebradas, 390
pues paga a plazo cumplido
el que es noble, cuando pierde,
por palabra o por escrito.
Si cultivando esperanzas,
vives labrador fingido, 395
yo también porque te quiero,
patria dejo y quintas vivo.
¿Qué celos tus flores yelan?
¿Qué mudanzas, qué desvíos
el fruto te desazonan, 400
que ya tan cercano has visto?
Tus esperanzas dilata
un amor con artificio,
que intenta probar finezas

de un diamante, al cabo vidrio. 405
En Madrid me tienen pleitos
de parientes, que enemigos
usurpándome mi estado,
dieron causa a mi camino.
Conde de Valencia fue 410
mi padre, que a falta de hijos,
cifró en mi la sucesión
de su sangre y apellido.
Criábame yo en Milán
a la sombra y patrocinio 415
del conde de Monteflor,
que es quien te trujo consigo.
Estaba en mi patria entonces
por alcaide del presidio
que en aquella plaza tienen 420
las banderas de Filipo,
Alejandro Malatesta,
que hermano del padre mío
por la línea de varón,
alega desvanecido 425
pertenecerle el condado
que me usurpa; y a los filos
de las armas remitiendo
los derechos de los libros,
de todo se apoderó, 430
amparándole el castillo
en la posesión violenta
que rehusan sus vecinos.
Viéndome desamparada,
ausente, y favorecido 435
del duque gobernador
mi contrario, aunque mi tío,
fue forzoso el esconderme

en España del asilo
de su rey y consejeros, 440
donde descansan peligros.
Hospedáronme ha seis meses
cortesanos deudos míos,
con licencia de su dueño,
en este apacible sitio, 445
digna elección de un buen gusto,
donde recreada olvido
los que en Italia curiosos
retratan el paraíso.
Pretensores conterráneos, 450
que en Madrid después me han visto,
unos, generosos deudos,
otros, ilustres amigos,
intentan lícitos lazos,
que pudieran haber sido 455
prisión de mi libertad,
de no haberte conocido.
Obligásteme discreto,
vencísteme comedido,
amásteme recatado, 460
adeudásteme atrevido,
hasta usurpar mis deseos,
si bien hoy, Hernando, admiro
que méritos desquilates,
presuroso y mal sufrido. 465
Sentencia espero en favor,
que alentada de padrinos,
y segura en mi derecho,
con los jueces solicito.
Mi opositor receloso, 470
por los que le dan aviso
de la poca acción que tiene,

| | algunas veces me ha escrito
sobre conciertos, que paran
en que dé la mano a un hijo, | 475 |
| | que afirma llegará presto
a esta corte; mas yo digo,
puesto que no le conozco,
que si pleitos dan maridos,
de tan mal casamentero | 480 |
| | poca paz me pronostico.
Salga yo con la sentencia,
y entonces, español mío,
tendré caudal que te pague
empeños de amor tan fino; | 485 |
| | y entre tanto vive cierto
que ni vuelve atrás el río,
ni retroceden los cielos,
ni al viento es veleta el risco,
ni en mí que los aventajo, | 490 |
| | y a la eternidad dedico
trofeos de mi firmeza,
mientras su constancia imito,
bronces, aceros, diamantes,
sol, esferas, tiempos, ríos, | 495 |
| | robles, cedros, lauros, palmas,
muros, torres, peñas, riscos,
mientras mi amor te fío,
tendrán valor constante igual al mío. | |
| Don Hernando | Si deseos dilatados
hallan en ti tal alivio,
dulce empleo de mis ojos,
poco tiempo he padecido.
Más valen las esperanzas
que en ti logro, los suspiros | 500

505 |

     que en ti alegro, las sospechas
     que en ti aseguradas miro,
     que las posesiones de otros.
     Liberal premias servicios,
     piadosa remedias penas,   510
     pródiga haces beneficios;
     injustas mis quejas fueron,
     perdón humilde te pido.
     Jacob soy, mi Raquel eres;
     su amor y paciencia imito.   515
     No trocaré desde hoy más
     estos jardines elísios,
     estos dichosos burieles,
     estas fuentes y este sitio,
     por la silla del imperio,   520
     por los tesoros del indio,
     por los brocados del persa,
     por las púrpuras del tirio.
     Jardinero soy de amor;
     mis esperanzas cultivo;   525
     mientras que méritos siembro,
     galardones pronostico.
     Ven, y haréte un ramillete
     de matices, que distintos,
     te interpreten mis afetos   530
     que flores tal vez son libros.
     ¿Me perdonas?

Laura   Amorosa.

Don Hernando   ¿Me quieres?

Laura   Como al más digno.

Don Hernando	¿Me pagas?	
Laura	Castos deseos.	
Don Hernando	¿Me llamas?	
Laura	Amante mío.	535

(Vanse.)

(Sale de hombre Doña Petronila en jubón, con una daga tras Tomasa.)

Doña Petronila	¡Vive Dios, que he de matarte! ¿Hay igual atrevimiento? Dormido yo en mi aposento, ¿osas a tal hora entrarte? Ladrón eres. Tú intentabas robarme...	540
Tomasa	Lo que no hallé. Téngase vuesa mercé, meta allá la daga.	
Doña Petronila	Acabas de descalzarme las botas, y mandándote cerrar las puertas, porque a acostar te vayas, ¿nos alborotas, asaltándome dormido? Traidor, ¿qué es de la maleta?	545
Tomasa	No es eso lo que me inquieta. Téngase. ¿Nunca ha leído del conde Partinuplés	550

	cuando estaba de amor preso...?	
Doña Petronila	¿Pues qué tiene que ver eso?	
Tomasa	Oiga, y sabrálo después.	535

    Enamorábale a escuras
una princesa o infanta,
de aquellas que el arte encanta
y buscan las aventuras.
    Dábale invisiblemente   560
de comer y de cenar.
De noche se iba a acostar
con él (¡mire qué insolente!),
    avisándole del daño
y peligro que corría,   565
si conocerla quería
hasta que pasase el año.
    El pobre conde que a tiento,
entrando amor por los ojos,
gozaba oscuros despojos,   570
quiso, contra el mandamiento
    de no verás, informarse
si era la dicha persona
arrugada sesentona,
que intentaba con taparse   575
    pasar plaza de doncella.
Que se durmiese aguardó,
y una linterna buscó
encendida, para vella;
    y cuando ya satisfecho   580
estaba de su cautela
el conde, lloró la vela,
y pringóla medio pecho,
    cayendo dos o tres gotas

	que a la dama despertaron;	585
	que es lo mismo que causaron	
	en mí esta noche tus botas.	
	Deseos de conocer	
	lo que eras, y agora he visto,	
	para servirte más listo,	590
	me animaron a emprender	
	la que ves, nocturna hazaña.	
Doña Petronila	Pues ¿qué has visto tú, traidor,	
	en mí?	
Tomasa	A Venus y al Amor,	
	que en un cuerpo nos engaña.	595
	Sosiégate, ansí los cielos	
	lo que buscas te deparen;	
	que no ignoro yo que paren	
	estos disfraces los celos.	
	Mandásteme descalzarte;	600
	la diestra bota tiré,	
	y en viendo el meñique pie	
	con la media, dije aparte:	
	«¡Oh pie, digno de un chapín,	
	que por lo corto das cinco,	605
	mejor fuera para brinco	
	de un letrado camarín!	
	¡Válgame el cielo! ¿que esté	
	en tan chico pedestal	
	todo un cuerpo? No hará mal	610
	de aqueste pie un puntapié.	
	Comprárale yo a ser Fúcar,	
	celebrárale poeta.»	
	Quité escarpín y calceta,	
	y vi un juguete de azúcar,	615

    una manteca soriana,
un bollo de manjar blanco,
y dije: «¡Oh! ¡Quien fuera banco
de tal pie cada mañana!»
    Tan igual, tan ampollado, 620
tan tierno, con tanto aliño,
tan melindroso, tan niño,
y en fin, tan desjuanetado,
    que imprimiendo su retrato
en el alma mi afición, 625
se calzó mi corazón,
como si fuera zapato.
    «¡Vive Dios! (dije entre mí),
pie adarme, que os han criado
más para alfombra y estrado, 630
que para que andéis ansí.
    Sospechas hembras, dudar
en esto será mentir;
mejor sois para parir,
mi pie, que para engendrar.» 635
    Vuelvo la vista al jubón,
y vi un par de burujones
en forma de naterones,
jubilados del cartón.
    Miro el cabello al instante, 640
y advierto que contra el uso,
el artificio le puso
atrás, naciendo adelante.
    Y dije, aunque soy bisoño:
«Femenina caballera, 645
moños tapan la mollera;
pero en cogotes no hay moño.»
    De vuestro traje y de vos,
o sueño, o he colegido,

vos mujer y hombre el vestido, 650
que seréis común de dos.
    No quisiste desnudarte
en mi presencia; la puerta
me hiciste cerrar (más cierta
ocasión de maliciarte); 655
    que me llevase la llave,
y la vela me advertiste;
salí entre confuso y triste,
y mi inquietud, que no sabe
    sino allanar trampantojos, 660
aguardándote adormida,
entró, una vela encendida,
y, inquisidores los ojos,
    vi lo que el Partinuplés
en la infanta perdigada. 665
La cera, de enamorada,
se derritió; y ya tú ves
    si llorando sobre ti,
te había de despertar.
Voces empezaste a dar; 670
soplé la luz y salí
    al patio, donde procuras
castigarme por curioso.
Yo pequé de malicioso;
pero si no te aseguras, 675
    porque conozco lo que eres,
estálo de mi lealtad;
que si va a decir verdad,
para ser las dos mujeres
    (repara en lo despoblado) 680

(La barba.) falta tan poco (te doy
mi fe), que si no lo soy
lo más d'ello tengo andado;

	porque de suerte negocia	
	lo tiple en mí (verdad digo),	685
	que estoy, con estar contigo,	
	en Madrid y en Capadocia.	

Doña Petronila En Madrid no lo estarás,
bárbaro, descomedido.
Ya que loco y atrevido 690
fuiste hoy, aquí morirás.
    Sal de la corte al momento.

Tomasa ¿No es mejor si has de fiarte
de alguno...?

Doña Petronila   ¡Oh, villano! Parte.

Tomasa ¿En qué, si vendí el jumento? 695
Verás, si de mí te encargas.

Doña Petronila ¿Que la muerte no te doy?

Tomasa Pues a fe que si me voy,
que se ha de acordar de Bargas.
    ¡Mas que ha de soñar mi nombre! 700

Doña Petronila ¡Oh, infame!

Tomasa   Daré noticia,
pues que me echa, a la justicia,
que hay mujer vestida de hombre
en esta posada. Adiós.

Doña Petronila Espera. ¡Ay cielos!

Tomasa	No quiero.	705
Doña Petronila	Mataréte.	
Tomasa	Pues ya espero.	

No me haga mal; que los dos
   acompañados podremos
hacer nuestro hecho más bien.
Yo soy capón muy de bien.   710
Al capitán buscaremos,
   que a mi hermana me llevó,
y si su historia me cuenta,
y algún hombre la hizo afrenta,
fíese de mí, que yo   715
   la sacaré a paz y a salvo.
¡Ea! ¿Quiéreme perdonar?

Doña Petronila   No sé.

Tomasa   Me atrevo a engañar
a un corcovado y a un calvo.

Doña Petronila   ¿Qué he de hacer? ¿Me guardarás   720
lealtad y secreto?

Tomasa   Dalle.
¿Eso me ha de decir? Calle.
Chitón eterno; no hay más.
   Haga cuenta que en la hucha
echa lo que me dijere;   725
mientras que no me rompiere,
ni esto saldrá.

Doña Petronila   Pues escucha.

Aquella ciudad que el Betis
pasea, sirve y conquista,
incansable enamorado, 730
porque en su espejo la mira,
y en fe de que es dama al uso
con ella prodigaliza
los tesoros que le pechan
paladiones de las Indias, 735
es, Bargas, mi ilustre patria,
y en ella bien conocida
la nobleza generosa
que dio nombre a mi familia.
A los pechos de mi madre 740
me dejaron las desdichas
de una juventud traviesa,
que heredé, por ser su hija,
ausentándole una muerte,
si ocasionada atrevida, 745
a aquel orbe todo de oro,
hoy español, antes inca.
Crióme el cuerdo recato
de una madre medio rica,
que lloraba, aunque casada, 750
soledades como viuda,
cuidadosa centinela
en mis acciones y vista,
principalmente saliendo
de los límites de niña. 755
Veinte años contaba alegre
mi edad, aunque recogida,
licenciosa por la patria
(si es bien que culpe su clima),
cuando llegó a casa huésped 760
un deudo que llamó prima

a mi madre, y la obligó
a regalos y caricias.
De Málaga le trujeron
ocasiones que en Sevilla 765
le detuvieron un mes,
para mí, Vargas, un día.
En todo él no permitió
la prudencia prevenida
de mi madre que me viese, 770
por no ocasionar malicias;
pues si bien ella a su mesa,
las cenas y las comidas
se hallaba, encerrada yo,
ocasiones desmentía. 775
La privación es deseo;
el deseo solicita
la voluntad, y ésta crece
al paso que la limitan.
Contábanme mis criadas 780
la apacible gallardía
de don Hernando Cortés
(ansí el huésped se apellida),
y como antojos mujeres
son como el fuego en la mina, 785
que violentado revienta,
aunque libre se amortigua;
curiosidades doncellas
acecharon atrevidas
privaciones que las noches 790
usurpaban a los días,
las junturas cohecharon
de una puerta ojos espías,
por donde dieron al alma
pesadumbres en albricias 795

del deleite de su objeto,
porque en él vieron en cifra
cuantas gracias en Adonis
fabulosas plumas pintan.
Venus yo, si antes Diana, 800
resplandores maldecía
de la aurora, porque al sol
envidiosa daba prisa.
Desvelando pensamientos
las noches, por celosías 805
que en la puerta coadjutoras,
ventanas sostituían,
contemplé diversas veces
venenosa bizarría,
Tisbe ya, por agujeros 810
mirando ya y no siendo vista;
hasta que una a su criado
escuché que le decía,
mientras que le desnudaba,
estas razones: «Mansilla, 815
pues se casa doña Inés,
y el oro de don García
rinde un alma interesable,
que se llamaba antes mía,
no más Málaga, no más 820
ciudad, si patria, enemiga,
donde en ferias de mudanzas,
cobra el interés partidas.
Málaga que en mal comienza,
los que lloro pronostica; 825
dorados gustos vencieron
amor, si ya él es alquimia.
Cásese Inés con doblones,
que suelen doblar desdichas,

y obligaciones desprecie 830
más seguras por sencillas.
Memorias anega el mar,
la ausencia agravios olvida,
la guerra divierte celos,
Italia hazañas alista, 835
el rey despierta leones
que a las voces de la envidia
la ingratitud piamontesa
para daño suyo incita.
Partirme quiero mañana; 840
plumas que amor afemina,
adornen galas de Marte
y fieles a su rey sirvan.»
Alentábale el criado,
y yo que amorosa oía 845
con gusto el que no le amasen
con pesares su partida;
si le juzgaba primero
por Adonis, ya la envidia
por sol me le retrataba. 850
¡Qué extrañamente apadrinan
los celos, Vargas, las partes
de la prenda que querida,
cuando se contempla ajena,
al deseo añade estima! 855
Fuime a dormir, pero en vano,
pues lloré recién nacidas
esperanzas, que a la muerte
se secaban a sí mismas.
Determinéme en efecto, 860
manifestar escondidas
brasas, de quien la vergüenza
y el temor fueron ceniza.

La siguiente oscuridad
aguardaba que propicia 865
limitase luz a Febo,
y a mi amor diese osadía,
cuando le traen un papel
a mi madre, donde escrita
la sentencia de mi muerte 870
vi, a don Fernando en su firma.
Disculpábase, ya ausente,
de que ocasiones precisas,
en su honor interesadas,
le ausentaban de Sevilla, 875
sin permitirle siquiera
pagar a la cortesía
deudas de hospicio y regalo;
para mí disculpas tibias.
Que a la guerra del Piamonte 880
le llevaban bien nacidas
esperanzas, y lealtades
que hazañosas se autorizan;
que le encomendase a Dios,
porque, si le daba dicha, 885
pensaba pagarla yerno
mercedes que le hizo prima.
Yo triste, ausente y celosa,
poco amé pues quedé viva,
ya mártir de sus tormentos, 890
puesto que en ellos novicia.
Un año de soledades
y mil de melancolías,
cuanto menos publicadas,
más crüeles escondidas 895
pasé, si bien alentando
esperanzas en reliquias

conservadas en dos pliegos
de Génova y Lombardía,
que a mi madre encaminó,　　　　　　　　900
hasta que tuvo noticia
por otro, que ya en la corte
la cruz roja daba estima
a su pecho y sus hazañas;
y que si, cual pretendía,　　　　　　　　905
fuese el hábito encomienda,
a obligaciones antiguas
grato y noble, procuraba
con su licencia lucirla,
añadiendo afinidades　　　　　　　　　910
a las deudas consanguíneas.
Esperanzas revivieron
en mí, y en ella alegrías,
de saber que caudaloso
estaba mi padre en Lima,　　　　　　　915
reduciendo hacienda a barras,
con que casándome rica,
la cruz nueva autorizase
el monarca de las minas.
Mézclanse lanas diversas　　　　　　　920
en el telar de la vida,
unas de color alegre
otras que tristes, lastiman.
Siempre el contento es pechero
del pesar; oye y admira　　　　　　　　925
d'esta verdad ejemplares,
Vargas, en la historia mía.
En prosperidad como ésta,
llegó aquel infausto día
en que las olas del Betis,　　　　　　　930
desde el diluvio homicidas,

cansadas del largo cerco
que ha tantos siglos sitia
nuestra metrópoli hispana
asestando baterías,   935
ya de las pródigas nubes,
ya del mar en aguas vivas,
ya de renteros arroyos
que pechan siempre a sus ninfas,
cañoneando de noche   940
las celestes culebrinas,
que rayos en vez de balas,
partos abortos fulminan,
al son de atambores truenos,
puertas y muros derriban,   945
calles y plazas pasean,
casas y templos registran;
y dando a saco riquezas,
huye la plebe dormida,
clausuras vírgines quiebran,   950
montes de casas conquistan.
Brazos de mar son las calles,
al Bermejo parecidas,
pues para ahogar faraones
de endurecida malicia,   955
no ya vara de piedad,
la vara sí de justicia
levanta Moisés airado,
que en mansiones las divida.
Al mar restituye el Betis   960
los bienes y hacienda misma
que en veces por tantos años
nos feriaba de las Indias;
y ya enemigo, si amante,
severos reyes imita,   965

que lo que dan poco a poco
por junto al privado quitan.
No quiero contar tragedias
con vislumbres de infinitas,
cuando ni plumas se atreven,   970
ni moldes a referirlas.
Las de mi casa no más
será fuerza que te diga,
como ocasión lastimosa
de mis presentes fatigas.   975
En la mitad del silencio,
el cuarto donde dormía
mi inocente y cara madre,
le arroja el diluvio encima.
Sepultada antes que muerta,   980
el llanto, alboroto y grita
de domésticos y extraños
con clamores solenizan
las obsequias funerales
de tanta plebe y familia,   985
dejando historias al tiempo,
Troya de agua ya Sevilla.
Yo turbada, si ignorante,
y si dudosa, advertida
del daño que todos temen,   990
bien triste, aunque mal vestida,
a la más alta azotea
subo; y aguardando arriba
al sol, que salió enlutado
por los destrozos que admira,   995
me pasaron, por más fuerte,
a la casa que vecina
comunicaba terrados,
de donde vi que enemigas

las nubes, la tierra, el agua, 1000
en un instante me privan
de madre, casa y hacienda,
y ¡ojalá que de la vida!
No encarezco sentimientos,
que es justo que los colijas, 1005
de quien a deudas de sangre
libraba obediencias de hija.
Pasóse la tempestad
al cabo de largos días;
halléme huérfana y pobre, 1010
y si los males alivian
ajenos, yo te prometo
que hallara en otras desdichas
consuelos con que olvidar
las que propias me lastiman; 1015
porque los que el día antes
con los Cresos competían,
el siguiente mendigaban
puerta a puerta su comida.
Yo, en fin, amante aunque pobre 1020
(que el firme amor no peligra,
como el falso, en las desgracias,
antes gigante se anima),
en busca de don Fernando,
del modo que ves vestida, 1025
vengo a probar lo que valen
palabras que ya son ditas.
Sé que asiste aquí, no dónde;
mas ya por ti conocida,
de tu lealtad confiada, 1030
quiero ver cómo averiguan
tu diligencia y mi amor
promesas que antes escritas,

	me causan recelos pobre,	
	si me aseguraban rica.	1035
	Este es, Vargas, mi suceso;	
	si de mí y d'él te lastimas,	
	ya suelen fidelidades	
	hallar el premio en sí mismas.	
Tomasa	Yo te prometo, señora,	1040
	que no he llorado en mi vida	
	otro tanto, aunque he escuchado	
	sermones de disciplina;	
	pero, porque estés más cierta	
	del secreto que me fías,	1045
	pues tu historia me contaste,	
	escucha también la mía.	
	En Yepes, emulación	
	de Ocaña, una y otra villa	
	donde muere el vino moro,	1050
	porque allá no le bautizan,	
	me criaron... Mas ¿qué es esto?	

(De dentro.)

Doña Petronila   Huéspedes nuevos.

(Salen el Conde y Roberto su criado, Marcos y Pablo, mozos.)

Marcos	Avisa	
	la patrona, Pablos, que eche	
	lana blanda y ropa limpia.	1055
Pablo	Llevaremos al mesón	
	las mulas.	

Roberto	Si está dormida, por ser tarde, la hostalera, mal almuerzo se me aliña.	
Marcos	No hay sueño donde hay dinero advenedizo.	1060
Conde	¡Hola! Quita esas maletas, Roberto. ¿Qué hora es?	
Roberto	Dice la risa del alba que son las cuatro.	
Conde	Fue la jornada prolija, no me espanto.	1065
Marcos	Madalena, criados, Pedro, Cristina, bajen a alumbrar al conde.	
Doña Petronila	¿Conde, Vargas? Vuesiría sea mil veces bien llegado.	1070
Conde	¡Oh, hidalgo!, para que os sirva. ¿Sois de casa?	
Doña Petronila	Huésped soy.	
Conde	Vuestra presencia autoriza la opinión de la posada.	
Doña Petronila	¿No hay velas?	

Madalena	Suban arriba;	1075
	que velas habrá y velones.	

(Dentro.)

Roberto	Alto, pues.
Marcos	Con menos prisa.
Conde	Subo con vuestra licencia.
Doña Petronila	Démela vueseñoría para que vaya...

Conde	Eso no.	1080

Doña Petronila	Señor...
Conde	No, por vida mía.
Doña Petronila	Désela Dios muchos años.

(Vanse todos sino las dos y Roberto.)

¡Bravo talle!

Tomasa	Huele y brilla. Hidalgo, ¿conde? ¿y de qué?
Roberto	Conde y de Italia.

Tomasa	¿Y camina...?	1085

Roberto	Aquí no más.

Tomasa   ¿Y se llama?

Roberto   Galeazo.

Tomasa   ¿Y a qué, diga, viene a Madrid?

Roberto   A casarse.

Tomasa   ¡Zape!

Doña Petronila   Alto de aquí, Varguillas.

Fin de la primera jornada

Jornada segunda

Salen Doña Petronila y Tomasa, de hombres.

Doña Petronila	Por muerta, Vargas, me cuenta.	1090
	No tengo seso, no estoy	
	en mí.	
Tomasa	¿Qué has visto?	
Doña Petronila	Vi hoy	
	otra segunda tormenta	
	mayor que la de Sevilla.	
Tomasa	¿Mayor?	
Doña Petronila	Para mis desvelos,	1095
	porque es tormenta de celos.	
Tomasa	No se usan en esta villa.	
	Todo lo que no es dinero	
	en la corte, no es amor.	
Doña Petronila	Vargas, de tu buen humor	1100
	más penas sacar espero	
	que alivios. Déjame agora.	
Tomasa	Pues ¿qué has visto?	
Doña Petronila	¡Ay, cielos! Vi	
	lo que dudosa temí,	
	lo que mi desdicha llora.	1105
	Llevóme el conde consigo	
	a esa huerta, infierno ya,	

        a quien Juan Fernández da
        nombre y fama. Yo te digo
           que aunque al principio su vista 1110
        mis sentidos recreó,
        porque en ella se cifró
        Chipre, en que Venus asista,
           después que hallé entre sus flores
        un áspid que disfrazado 1115
        ponzoña a mi pecho ha dado,
        y aumentos a mis temores,
           volcanes son sus planteles,
        incendios sus fuentes son,
        tormentos su recreación, 1120
        penas su rosa y claveles.
           ¡Ay, Vargas! Quien las cultiva
        es don Hernando Cortés.

Tomasa   ¡Jesús! ¿Qué dices? No des
        crédito a engaños.

Doña Petronila   Ni viva 1125
           quien para desdichas nace.
        Conocíle jardinero;
        que con el traje grosero
        le manda amor que disfrace
           el fuego de mis querellas. 1130
        ¿Quién creerá (¡ay, fieros rigores!)
        que llamas cultiven flores,
        y que estén verdes con ellas?
           Rogóme el conde que fuese
        con él, y sin declararse, 1135
        quiso primero informarse
        (antes que quién es supiese)
           de la belleza de Laura,

con quien amante pleitea,
y si el pincel de su idea 1140
en su original restaura
   la hermosura que usurpó
lisonjas a los colores;
porque en cohechos pintores
siempre el interés mintió. 1145
   Vióla en el dicho jardín,
que entre unos cuadros, abeja,
agravia flores que deja,
y obliga las de un jazmín
   a que fundamento den 1150
a un ramillete que aliña,
porque un hilo juntos ciña
celos, amor y desdén.
   Estaba de jardinero
mi don Fernando Cortés 1155
(mío no, que de Laura es),
y aunque en disfraz tan grosero,
   le conocieron mis males;
que aunque le vi de aquel modo,
amor, espíritu todo, 1160
penetra hasta los sayales.
   Escogíala las flores
que su amor le aconsejaba;
las amorosas le daba
para obligarla a favores; 1165
   las azules le escondía
por no ocasionar desvelos
y si flores tienen celos,
yo su amante ¿qué tendría?
   Con doméstica llaneza 1170
vi que Laura le trataba,
cuando las flores le daba;

y amor, todo sutileza,
todo industria, todo enredos,
terceras quiso obligarlas; 1175
ella risueña a tomarlas,
y él lisonjero en los dedos.
   Que las debió de cohechar
si la adora ¿qué lo dudo?,
pues cuando amor está mudo, 1180
por los dedos suele hablar.
   Preguntó el conde quién era
(mientras yo me atormentaba)
la dama que se humanaba,
de aquel jardín Primavera. 1185
   «La condesa de Valencia
del Po», le respondió un paje,
«que en Milán con su linaje
pleitea sobre su herencia.»
   No se atrevió a descubrirse, 1190
puesto que sí a enamorarse;
que amor que sabe arriesgarse,
es cobarde al resistirse.
   Juzgó en ella de los cielos
un sol que le deslumbró; 1195
¿qué juzgara, Vargas, yo
que la miraba con celos?
   Volvímonos, él perdido
de amor, y yo rematada;
él sin alma allá usurpada, 1200
yo allá y aquí sin sentido.
   Hame cobrado amistad
de suerte, que no permite
que de su lado me quite;
ni yo tengo voluntad 1205
   de perder su compañía,

　　　　　　　porque siempre amigos son
　　　　　　　los que de una profesión
　　　　　　　llama el sabio sympatía.
　　　　　　　　Amamos en un lugar,　　　　　　　　1210
　　　　　　　y una misma competencia
　　　　　　　nos iguala en la experiencia
　　　　　　　del querer y el envidiar.
　　　　　　　　Impórtame que le asista,
　　　　　　　pues si Laura, cual sospecho,　　　　　1215
　　　　　　　tiene a mi amante en su pecho,
　　　　　　　y él no la pierde de vista,
　　　　　　　　el conde y yo, que nos vemos
　　　　　　　parientes en los cuidados,
　　　　　　　amantes y desdeñados,　　　　　　　　1220
　　　　　　　mejor nos consolaremos.

Tomasa　　　　Pues no te aflijas ansí,
　　　　　　　¡cuerpo de tal! ten valor
　　　　　　　que sin competencia amor,
　　　　　　　él mismo se apaga en sí.　　　　　　　1225
　　　　　　　　Si nunca te vio tu amante,
　　　　　　　si lo que le amas ignora,
　　　　　　　y vienes a hallarle agora,
　　　　　　　con desvelo semejante,
　　　　　　　　ensayándose a quererte　　　　　　　1230
　　　　　　　en ajena voluntad,
　　　　　　　porque le halle tu lealtad
　　　　　　　diestro, cuando llegue a verte,
　　　　　　　　¿qué temes? o ¿qué querías?
　　　　　　　¿que ya en Madrid, cortesano　　　　　1235
　　　　　　　su amor, mano sobre mano,
　　　　　　　gastase ocioso los días?
　　　　　　　　Déle el gusto puerta franca;
　　　　　　　quiera bien, que eso me alegra;

                    ensaye en la espada negra   1240
                    tretas que logre en la blanca;
                        que pues que el conde te cobra
                    voluntad, y aquí ha venido
                    a título de marido
                    de Laura, bástate y sobra   1245
                        que al principio del camino
                    vida a tu esperanza des.
                    ¿No somos tres? Pues los tres
                    seremos tres al mohino.
                        Calla y animosa alienta   1250
                    el fin de tu pretensión.

Doña Petronila   El conde es éste.

Tomasa   Chitón,
                    y corra esto por mi cuenta.

(Sale el Conde.)

Conde   Don Gómez, yo te he elegido
                    por amigo verdadero,   1255
                    y en de serlo, no quiero
                    que tenga el pecho escondido
                        secreto para ocultarte.
                    Ya dije ayer la ocasión
                    de que en esta confusión   1260
                    siga a Amor y olvide a Marte
                        que mi padre aquí me envía
                    para que pleitos cansados
                    truequen derechos letrados
                    en amor; que es prima mía   1265
                        Laura, y que intente con ella,
                    casándome, asegurar

lo que ya dudo alcanzar,
por los que vuelven por ella.
    Mal su justicia asegura   1270
quien en sus pleitos ignora
que mujer competidora
se ampara de su hermosura.
    Porque si en mí verlo quieres,
más efecto he visto hacer   1275
de su cara el parecer
que mil sabios pareceres.
    Llora, encarece y intima,
halla en tribunales gracia;
la belleza es eficacia   1280
que enamorando lastima;
    y en fin, como nacen d'ellas
los jueces templan cuidados;
que no hay tales abogados
como son lágrimas bellas.   1285
    Laura, en la corte amparada,
por huérfana socorrida,
por hermosa pretendida,
por discreta celebrada,
    casi espera en su favor   1290
la sentencia contra mí.
Pues ¿para qué vine aquí,
don Gómez, si su rigor
    dos veces me ha de querer
mal, por pobre y por contrario?   1295
La soberbia es de ordinario
con riqueza en la mujer.
    Volverme quiero sin verla,
o a lo menos sin hablarla;
que en vano pretendo amarla,   1300
si no espero poseerla.

                    Hacienda en Italia heredo,
                cuando me quiten su estado,
                si no igual a un potentado,
                a lo menos con que puedo   1305
                    vivir, sin necesitar
                de parientes caudalosos;
                que vengando aquí envidiosos,
                duplicaré mi pesar.
                    Vente, don Gómez, conmigo   1310
                a Italia, y verás en ella
                la provincia que más bella
                honra a Europa. Por amigo
                    te tengo; si obligaciones
                no te empeñan, sal de España;   1315
                confiado me acompaña
                de que en todas ocasiones,
                    como si fueras mi hermano,
                en fe de nuestra amistad,
                entrarás en la mitad   1320
                de mi hacienda.

Doña Petronila   Fuera en vano
                    satisfacer las mercedes
                que me obligan, tu deudor,
                con palabras, si es mejor
                el silencio. Desde hoy puedes   1325
                    hacer experiencia en mí
                de obligaciones de esclavo;
                pero ni tu intento alabo,
                ni te has de ausentar de aquí.
                    Prueba tu dicha primero,   1330
                informa de tu justicia;
                que ni pasión ni malicia
                en los jueces considero

	d'esta corte. ¿Qué escarmientos	
	tu derecho han desmayado?	1335
Tomasa	Muera, pues pierde su estado,	
	con todos sus sacramentos	
	¡pesia a tal! vueseñoría.	
	¿Qué mal nos ha de venir	
	mayor, señor, que salir	1340
	vencidos a sangre fría?	
	Ame, informe, solicite,	
	y venga lo que viniere.	
Conde	Quien mal en Madrid me quiere	
	que esté en él no me permite.	1345
	Asiste el marqués Otavio	
	en esta corte, enemigo	
	de mi padre, que en castigo	
	años ha de cierto agravio,	
	mató al suyo, y le quitó	1350
	los estados que tenía.	
	El marqués, que pretendía	
	vengarse, aunque lo intentó,	
	no pudo, desamparado	
	de amigos y de caudal;	1355
	y viéndose desigual,	
	de su patria desterrado,	
	en esta corte pretende	
	casar con Laura; y si sabe	
	que aquí estoy, querrá que acabe	1360
	el hijo de quien le ofende,	
	y a ser su competidor	
	viene agora. No me ha visto	
	jamás; pero si aquí asisto,	
	y publicando mi amor	1365

| | a Laura, quién soy declaro,
por fuerza he de despertar
venganzas que ha de intentar
como pudiere. | |
| :--------------- | :------------------------------ | ---: |
| Doña Petronila | Eso es claro. | |
| Conde | Pues arriesgarme a perder | 1370 |
| | a donde ganar no puedo, | |
| | no es cordura. Si aquí quedo, | |
| | por fuerza tengo de ver | |
| | sentencias que me den penas, | |
| | celos de competidores, | 1375 |
| | y desdenes vencedores | |
| | de quien oye norabuenas | |
| | ya del pretendido estado. | |
| | Don Gómez, no hay tal remedio | |
| | como poner tierra en medio; | 1380 |
| | yo estoy ya determinado. | |
| | Sígueme, y fía de mí | |
| | cuanto agora te he ofrecido. | |
| Doña Petronila | Yo soy tan agradecido... | |
| | Vargas, déjanos aquí. | 1385 |
| Tomasa | Déjote; allá dentro espero. | |
| (Vase.) | | |
| Doña Petronila | Que os he, conde, de pagar | |
| | el darme tanto lugar | |
| | en vuestras cosas, primero | |
| | que nuestra corte dejéis. | 1390 |

Conde	¿De qué suerte?	
Doña Petronila	Oidme agora. Laura, aunque os vea, ¿no ignora quién sois, puesto que aquí estéis?	
Conde	Sí, don Gómez; que en Milán desde niña se crió, y yo en Valencia del Po, cuyo derecho le dan.	1395
Doña Petronila	Del mesmo modo ese Otavio, por vuestro padre ofendido, no os conoce.	
Conde	En eso he sido venturoso.	1400
Doña Petronila	Un medio sabio, siendo eso así, os asegura el pleito desesperado que amenaza vuestro estado. Si en manos de la ventura y mías dejáis poneros, no hay aquí que recelar.	1405
Conde	Ya vuelve a resucitar mi esperanza sólo en veros; que no sé qué inclinación oculta me pronostica dichas que me certifica vuestra mucha discreción. Desde que os vi, os quiero bien.	1410

Doña Petronila	Pues Laura, conde, se emplea	1415
	en amarme, y no desea	
	sino que en su favor den	
	esta sentencia enfadosa,	
	para atropellar amantes	
	en su pleito negociantes,	1420
	y darme mano de esposa.	
Conde	¿Qué decís?	
Doña Petronila	Por orden suya	
	estoy en Madrid cual véis.	
	Como secreto guardéis,	
	yo haré que esto se concluya	1425
	a vuestra satisfación.	
Conde	¿Que por orden suya estáis	
	aquí?	
Doña Petronila	¿Pues eso dudáis?	
Conde	De vuestra disposición	
	y talle no es maravilla	1430
	que Laura esté aficionada.	
Doña Petronila	Al cabo de su jornada	
	hizo noche en esa villa,	
	que siendo española Atenas,	
	al Henares nombre da.	1435
	Cursaba yo en Alcalá,	
	más sus riberas amenas,	
	que sus escuelas famosas;	
	ví, la noche que llegó,	
	un alba que se apeó,	1440

entre jazmines y rosas,
de una litera, al ocaso;
del más nombrado mesón,
mi estudiosa profesión
le salió cortés al paso. 1445
 Acompañéla a una sala
con otros que de mi edad
honraban mi facultad.
Iba vestido de gala;
 supe quién era, a qué iba 1450
a la corte; regaléla,
y tomando una vihuela,
ya mi libertad cautiva,
 la entretuve hasta cenar.
Convidóme y acepté; 1455
que estudiantes ya se ve
que no se hacen de rogar.
 Despedíme ya bien tarde,
y ella, toda cortesía,
mientras que me agradecía 1460
cumplimientos, hizo alarde
 de vislumbres de afición.
Madrugué por la mañana,
no el alma de todo sana,
y, en fin, hasta Torrejón, 1465
 que quiso o no, fui con ella
en un caballo prestado;
dióme la litera lado,
y hallé, caminando, en ella
 agrados sobre qué hacer 1470
amorosos edificios;
que amor empieza en indicios
fáciles de conocer.
 Despedíme allí, y tornéme,

echando a la vuelta menos 1475
el alma, los ojos llenos
de sentimiento. No teme
   el amor que es estudiante.
Como sin alma quedé,
cartapacios arrimé, 1480
graduándome de amante.
   Vine a Madrid, visitéla
en la huerta donde vive;
y amor que alegre recibe
el huésped que le desvela, 1485
   me ofreció apacible entrada.
Díjela mi calidad,
ponderé mi voluntad
a servirla dedicada.
   Mostró severo el semblante, 1490
reprehendióme rigurosa
y alterada (común cosa
en todo amor principiante)
   fuése fulminando enojos;
puesto que aunque se ofendía, 1495
lo que la lengua decía,
iban negando los ojos.
   Escribíla de Alcalá,
no me quiso responder,
volvíla otra vez a ver, 1500
y más apacible ya,
   me permitió visitarla,
como mis atrevimientos
no explicasen pensamientos.
Prometí de no enojarla, 1505
   y callé; que en la más casta
(como es la experiencia juez),
si ha de querer, una vez

que amor se lo diga basta.
   De Alcalá a Madrid partidas
y vueltas daban alientos
a amor; que como los cientos,
todo es idas y venidas;
   pero nunca la decía
cosa que en mi amor tocase,
con que aunque disimulase,
sentí yo que lo sentía;
   hasta que una vez pedí
licencia para partirme
a Jaén, por escribirme
mi padre esperarme allí
   mil de renta y una dama
para esposa. Aquí fue Troya,
que amor que el secreto apoya,
con celos revienta en llama.
   No pudo disimular;
llenóme de descortés,
aleve, ingrato; y después,
de media hora de llorar,
   me amenazó, si la mano
a otra que Laura no fuese
dada, que me apercibiese
a que la de algún villano
   me había de quitar la vida.
Con esto y asegurarla
que no más que por probarla
fingí mi falsa partida,
   quedé en su gracia de suerte
que amado y favorecido,
al punto que haya salido
en favor suyo la suerte
   de la sentencia que espera,

nos hemos de desposar,
y por Italia trocar
patria y profesión primera. 1545
Mándame andar recatado,
porque ocasiones desmienta
de quien, amándola, intenta
gozar en dote su estado.
 Llegué, como suelo, ayer 1550
a verla, y mudé posada
por temer que en la pasada
han alcanzado a saber
 algo de lo que pretendo.
Apeásteos en ella, 1555
y quiso mi buena estrella
que vuestros méritos viendo
y la merced que me hacéis,
amigo y no opositor,
apadriné vuestro amor. 1560
Si celos de mí tenéis,
 perdeldos; que yo os prometo,
a fe de hidalgo, de dar
trazas que os han de ablandar
a Laura, por mi respeto. 1565
 Y si con ella os desposo,
que sí haré (fiaos de mí),
veréis, conde, que hay aquí
español tan generoso
 como el monarca que a Apeles 1570
obligó, y más a la fama,
que afirma le dio su dama
en premio de sus pinceles.

Conde   Don Gómez, no quiera Dios
que os haga yo tal agravio; 1575

	no goce de Laura Otavio,	
	y lográos con ella vos.	
	Vuestra gentileza es digna	
	de su discreta elección;	
	pagad su justa afición,	1580
	pues la suerte os es benigna.	
Doña Petronila	Conde, o los dos nos partamos	
	a Italia, o si sois mi amigo,	
	callad y haced lo que os digo.	
	Y pues ya comunicamos	1585
	las almas, sabed que aquí	
	tengo prenda a quien le debo	
	cierta obligación de nuevo	
	que imposibilita en mí	
	casarme con Laura.	
Conde	Elijo	1590
	lo que me ha de estar tan bien.	
	¿Que aquí tenéis dama?	
Doña Petronila	En quien	
	por lo menos tengo un hijo.	
Conde	¡Jesús! ¿Tan niño?	
Doña Petronila	Ya están	
	examinados de padres	1595
	niños, por conocer madres	
	que fruto a los trece dan.	
	Como la vida es tan corta,	
	suple la naturaleza	
	defectos de su flaqueza,	1600
	y plazos el tiempo acorta.	

| | Yo os he de casar en breve
con Laura. | |
|---|---|---|
| Conde | Mucho intentáis.
No podréis. | |
| Doña Petronila | Porque veáis
mi ingenio a lo que se atreve,
escuchad esto que trazo.
A Laura hemos de ir a ver
agora, y ha de saber
que está el conde Galeazo
con ella y que no sois vos,
porque Otavio no os ofenda
cuando vengarse pretenda. | 1605

1610 |
| Conde | Cosas proponéis, por Dios,
extrañas. | |
Doña Petronila	Soy estudiante	
Conde	¿Quién ha de hacer ese conde?	1615
Doña Petronila	En la posada se esconde.	
Conde	¿Hay don Gómez semejante?	
Doña Petronila	No digáis a la condesa,
la vez que a hablarla lleguéis,
que de nuestro amor tenéis
noticia.	1620
Conde	Advertencia es esa
excusada.	

Doña Petronila	Pues venid, y echad a un lado recelos.
Conde	¡Ay, don Gómez de los cielos, Dios te me trujo a Madrid! 1625

(Vanse.)

(Salen Mansilla, y Don Hernando de villano.)

Mansilla	Fui a Málaga a lo soldado, con las galas que me diste, a ver tu madre que triste por muerto te había llorado. Pasé por Yepes y Ocaña, 1630 dos villas de donde el vino hace perder el camino, bodegas nobles de España. Hice noche en una aldea, donde un mesón labrador 1635 (que pudiera ser mejor) me alojó a la chimenea en un escaño del Cid. Sobre cena me pregunta la familia que allí junta 1640 estaba, si iba a Madrid. Dije que sí, y que de Italia soldado viejo venía a la corte y pretendía una conducta. La algalia 1645 que daba olor al vestido (porque esto se le pegó del ser tuyo), me abonó,

y yo en él desvanecido,
   hazañas cuento sin cuento   1650
que escuchaban abobados;
porque yo, a fuer de soldado
no vivo mientras no miento.
   Díjeles, entre otras cosas,
que saliendo a pecorea   1655
a la vista de una aldea
(que las de allí son famosas),
   entré en una casería,
y hallando el horno encendido,
porque no fui recebido   1660
con amor y cortesía,
   al huésped y a su mujer
metí dentro, donde asados,
vengaron a mis soldados,
y nos dieron de comer;   1665
   que saliendo al alboroto
los vecinos del lugar,
cuando me iba a acostar,
hallé mi escuadrón que roto
   a huir echaba, y que yo   1670
la cabeza derribé
al primero, y ésta fue
a dar a otra, y ésta dio
   en otra, y fue de manera
la cabezada española,   1675
que sin más golpe ella sola
derribó toda una hilera.
   Creyeron esta aventura,
y otras, que es nunca acabar,
más que cuando en el altar   1680
las fiestas les echa el cura;
   porque chanzas de habladores,

comedias de tramoyón,
ensalmos y coplas, son
evangelios labradores.   1685
　　Estaba una villaneja
oyendo entre los demás
tan carihermosa, que atrás
las Amarilis se deja.
　　Fuéronse a acostar al cabo   1690
los viejos, y entre la loza
fregatrizando la moza
con tal gracia (no la alabo
　　cual merece) se quedó,
que si el sol verla pudiera,   1695
para estropajo la diera
su dorado moño. Yo
　　que la vi ensuciando espumas,
llego por detrás quedito,
y el sombrero que me quito   1700
la pongo con banda y plumas;
　　y ella entonces, no peñasco,
pero algo requesón ya,
respondióme: «Arre allá»,
en un espejo, ya calco,   1705
　　se fue a mirar al candil,
y arrimando la sartén,
dijo: «A ver si me está bien.»
El dimuño que es sotil,
　　hizo entonces de las suyas,   1710
si Pedro yo de Urdemalas;
y como extranjeras galas
en bobas son aleluyas,
　　tanto pudieron con ella,
que a los ecos de un «marido   1715
tuyo soy» (hechizo ha sido

    que encanta toda doncella)
      siendo tálamo el escaño,
la chimenea madrina,
a vista de la cocina,   1720
hubimos año, buen año.
    Dueña, aunque no de su casa
la moza, y ya yo su dueño,
entró el sol antes que el sueño,
y caricuerda Tomasa   1725
    (que este apellido la dan)
me conjuró que cumpliese
mi promesa y que volviese,
en saliendo capitán,
    por ella; y a fe de hidalgo,   1730
que he de hacerla mi mujer,
si bien esto no ha de ser
mientras capitán no salgo.

Don Hernando   Sí harás; que si yo, Mansilla,
esposo de Laura soy,   1735
y dote honrado te doy,
tu palabra has de cumplilla.
    En fin, ¿llegaste a mi casa?

Mansilla   ¡Ah, sí! Olvidábame ya;
pero ¿qué mucho, si está   1740
cosquillándome Tomasa?
    Guardéte el mejor bocado
para la postre. Este pliego
te traigo, y en él te llego
a dar plácemes de grado,   1745
    puesto que pesares tiene.
Siete mil de renta heredas,
con que consolarte puedas.

Don Hernando	¿Qué dices? Mas Laura viene. Retírate.	
Mansilla	¿Para qué, si te has de partir al punto, y la hermana del difunto te adora?	1750
Don Hernando	Retírate.	
Mansilla	¿No sabe que soy tu paje?	
Don Hernando	Sí, pero maliciarán los que aquí vienen y van, si contigo en este traje me ven hablar, y no quiero dar ocasión a malicias.	1755
Mansilla	Pues prevénme las albricias, que cuando anochezca espero.	1760

(Vase.)

(Carta. Abre el pliego, y lee Don Fernando.)

(Lee.) «Llevó el cielo a vuestro primo don Gerónimo, con lastimoso sentimiento de cuantos conocieron su agradable y mal lograda juventud, sucediendo vos en su mayorazgo, por cláusula que excluye a las mujeres y llama al varón más propincuo. Quisiera pagarle el amor que me tuvo y consolar su hermana, haciéndola esposa vuestra: su hermosura y mi gusto pienso que os dispondrán a lo que os está tan bien. Ella y yo os esperamos; y cuanto más os detuviérades, más sentiremos la falta suya y vuestra ausencia. El cielo os traiga con bien. Málaga y abril 14 de 1626 años. Vuestra madre, doña Ana de Zúñiga.»

(Sale Laura leyendo otra carta.)

(Carta.) «El cielo os me deje ver, y os prospere muchos años. Vinaroz y marzo 29 de 1626. El conde Pompeyo, vuestro tío.»

Laura   Don Hernando.

Don Hernando   Laura mía.

Laura   ¿Jardinero y con papeles?

Don Hernando
El jardín, filosofía
de amor, en estos planteles   1765
me da lición cada día.
   Letras estas flores son
donde mi asistencia alcanza
paciencia en la dilación,
en el temor esperanza,   1770
y paz en la confusión.
   Este jardín es mi escuela
donde cursando desvela
el miedo imaginaciones;
sus lazos son mis renglones   1775
y en sus cláusulas revela
   misterios mi amor. Sus hojas
dan materia a mis cuidados,
encendidos con las rojas,
si moradas aliviados,   1780

                    si leonadas son congojas.
                       Ya con las verdes espero;
                    con las azules me abraso,
                    con las amarillas muero,
                    casto con las blancas paso,   1785
                    y con las pardas me altero.
                       En las clicies me mejoro,
                    con las venus me enamoro,
                    presumo con los narcisos,
                    y hallando en todas avisos,   1790
                    sufro, espero, temo y lloro.

Laura   Voluntad contemplativa
                    a sí misma se hará guerra.
                    Pero ¿cúya es la misiva?

Don Hernando   Carta es, Laura, de mi tierra,   1795
                    que quiere amor que reciba
                       cuando vos del mismo modo
                    leyendo salís, en muestra
                    de que con vos me acomodo;
                    pues siendo, en fin, sombra vuestra,   1800
                    manda que os imite en todo.
                       Pero en ésa, prenda mía,
                    según mostráis alegría
                    repasando sus conceptos
                    os ponderarán discretos   1805
                    al autor que los envía.
                       ¿Mas que su ingenio aplaudís?
                    ¿Mas que a su dueño estimáis?
                    ¿Mas que su amor admitís?
                    ¿Mas que por él me olvidáis,   1810
                    y a desdeñarme venís?

Laura	¿Mas que me habéis agraviado en pedirme adelantado los celos que estoy temiendo? Que no entra en casa riñendo quien no se siente culpado.	1815
Don Hernando	Troquémoslas pues.	
Laura	En esta mostrar lo que os amo puedo, pues no ha de tener respuesta.	

(Truécanlas.)

Don Hernando	Y yo en esta, que aunque heredo por ella, me es tan molesta esa cláusula postrera, que a trueco de no cumplilla, por no perderos, perdiera la corona de Castilla, cuando la del mundo fuera.	1820 1825

(Carta: lee recio Don Hernando y para sí Laura.)

«La perezosa tardanza de las galeras de Nápoles, sobrina y señora mía, me ha detenido en Valencia dos meses y medio. Ya, gracias a Dios, están en Vinaroz, y yo embarcado en su almiranta. Llegó en ellas el conde Galeazo Malatesta, primogénito de vuestro opositor y violento conde de vuestra Valencia del Po. Visitóme, dándome parte de sus deseos, que son reducir a paces amorosas pleitos prolijos. Su presencia, edad, discreción y cortesía, además de ser vos prima hermana suya, si he de hablar desapasionadamente, le hacen más merecedor de esposo que de litigante vuestro. Propongo mi parecer, pero subordinado a la discreta eleción de vuestra prudencia. Él parte a veros con merecidas esperanzas, y yo a mi gobierno. El cielo, sobrina mía, os me deje ver sin pleitos y con sosiego en vuestro estado; que si tomáis mi consejo y es Galeazo vuestro esposo, no tardará mucho, etc. El conde Pompeyo vuestro tío.»

Laura	De aquí, Hernando, por la cuenta	
	plácemes podré sacar,	
	que envidiosa os llegue a dar	
	d'esta esposa y d'esta renta.	1830
	Vuestra madre cuerda os llama,	
	ya os espera vuestra prima,	
	el mayorazgo es de estima	
	y obligatoria la dama;	
	por ser hermana del muerto,	1835
	madre la casamentera	
	vos su deudo, yo extranjera,	
	aceptaréis el concierto.	
	Gocéis os, señor, mil años.	
Don Hernando	Para matarme, uno sobra.	1840
	Poned vos, Laura, por obra	
	consejos, cuando no engaños	
	de Pompeyo, vuestro tío,	
	pues ya vuestro primo viene;	
	que quien tal padrino tiene,	1845
	vencerá el derecho mío.	
	Pleitos que son embarazo	
	de la hacienda y la quietud	
	atajarlos es virtud;	
	Y más siendo Galeazo	1850

                    mozo, gallardo, leído,
                    ilustre, discreto, amante,
                    vos su sangre, yo ignorante,
                    desdichado y presumido.
                        Que quien jardines cultiva   1855
                    donde malogra sudores
                    en yerbas que aunque dan flores,
                    del fruto el tiempo las priva,
                        cuando en estéril tributo
                    pague desvelos de amor,   1860
                    llorará esperanza flor
                    que nunca llegó a dar fruto.
                        ¡Qué mal el gozo se esconde
                    que el corazón manifiesta!

(Sale un criado.)

Criado   Galeazo Malatesta,   1865
                    señora, a quien llama conde
                        la gente que le acompaña,
                    entra a hablaros.

Don Hernando   Caminó
                    con alas que amor le dio,
                    y si vuela no se engaña.   1870
                        Él mismo sería el correo
                    de esa carta precursora.

Laura   Retírate, Hernando, agora;
                    que pues con celos te veo,
                        ya te confirmo en mi amante,   1875
                    que los comprara te juro,
                    por abonarte seguro,
                    temerosa no ha un instante.

	No receles, vuelve a verme;	
	que yo le despediré	1880
	brevemente.	

Don Hernando   Pues ¿podré
                  hermosa Laura, atreverme
                     a ausentarme, si experiencia
                  tengo que ausencia y mujer...?

Laura   De un rato ¿qué hay que temer?   1885

Don Hernando   Mucho. Que, en fin, es ausencia.

Laura   Pues estáte aquí.

Don Hernando   Sí haré;
                  que hermosura combatida,
                  a poca distancia olvida
                  y apetece lo que ve.   1890

(Sale Tomasa de conde gracioso, y como criados suyos Galeazo y PETRONILA.)

Tomasa   Selencia sea bien llegada,
                  mande cubrirse selencia,
                  que ya milencia lo está.
                  Echóme el conde a galeras,
                  mi padre, porque llegase   1895
                  a casarme con la priesa
                  que requiere esa hermosura,
                  porque es muy linda selencia.
                  De Génova me sacó,
                  la capitana o sargenta...   1900
                  ¿fue sargenta o capitana?

	¡Hola!, don Gómez ¿cuál era?	
Doña Petronila	Sosiéguese vuesiría, que está turbado.	
Tomasa	Me prueba	
	la tierra; pero ya caigo	1905
(Aparte.)	(tengo la memoria tierna).	
	Vine en una galeaza,	
	que sería mi parienta	
	por lo Galeazo, en fin,	
	y pasando el golfo en ella,	1910
	comimos muy mal bizcocho.	
	Yo le prometo a selencia	
	que en esto del bizcochar,	
	son malas monjas galeras.	
	Desembarqué en Vinoarroz.	1915
Doña Petronila	Vinaroz se llama, bestia.	
Tomasa	Vinaroz o Bindarráez,	
	¿qué importa mudar dos letras?	
	Tornamos postas allí,	
	que fue la invención más fiera...	1920
	Selencia ¿ha corrido postas?	
Conde	(Aparte.) (Don Gómez, ¿mas que nos echa a perder este ignorante?)	
Doña Petronila	(Aparte.) (Dejalde decir simplezas, que todo esto importa al caso;	1925
	vos veréis lo que aprovecha.)	
Laura	(Aparte.) (¿Qué conde o qué bernardina	

	es éste, cielos?)	
Don Hernando	(Aparte). (Ya alegran desmayos mis esperanzas, casi con recelos muertas. ¡Discreto competidor nos viene!)	1930
Tomasa	Cincuenta leguas en tres días y a la posta, postillas a posta engendran en las partes posteriores, que unas con otras apuestan a hacer pistos o ser pastas, según blandas se me apestan. En fin, ambos acerillos sino papandujas brevas, anoche al cantar los gallos, llegaron cual digan dueñas. Y yo, con la intercesión del buen tío de selencia, que se embarcó en mi lugar y con cartas me encomienda a selencia, madrugué esta tarde; y no viniera en verdad hasta mañana, a no soñar en selencia; porque las ya dichas postas pienso que anuncian viruelas, y están malas hacia abajo, con llamarme Malatesta.	1935

1940

1945

1950 |
| Laura | Hiciera vueseñoría una cosa muy discreta | 1955 |

	en tardarse allá dos años....	
	digo, dos días. (Aparte.) (Me pega	
	el mal de sus necedades,	
	y por necio, le hablo necia.	1960
	No sé lo que le responda.)	
Tomasa	Mis baúles, que ya llegan,	
	a selencia le darán	
	dos celemines de perlas,	
	medidas por estas manos.	1965
Laura	La medida es como vuestra,	
	señor conde.	
Tomasa	Y pienso yo	
	que si se miran y piensan,	
	darán mucho que pensar	
	a pensamientos.	
Laura	(Aparte,) (¡Qué bestia!	1970
	¡Pienso todo y celemines!	
	¡Miren con quien me desea	
	casar el conde mi tío!	
	¡En verdad que salen ciertas	
	las partes de que le abona,	1975
	discreción, cara y presencia!	
	Debió de ser ironía.)	
Tomasa	Tráigole más una piedra.	
	para todo mal de hijada	
	cosa admirable. Selencia	1980
	¿es tocada deste achaque?	
Conde	(Aparte). (Don Gómez, vuestra condesa

	está, con razón, corrida.	
	Y puesto que os mira tierna,	
	señal de lo bien que os quiere,	1985
	siento mucho el ofendella;	
	saquemos de aquí este loco.)	

Doña Petronila   Callad, conde, y no os dé pena.

(A Don Hernando.)

| Tomasa | ¿Sois vos el que legumbriza | |
| | lo crítico desta huerta? | 1990 |

Don Hernando   Yo su jardinero soy.

Tomasa   ¿Hay noria?

| Don Hernando | Sin macho en ella; |
| | mas ya no nos hace falta. |

Tomasa	Pues mirad: aunque más vueltas	
	déis alrededor vos y él,	1995
	sabed que tengo experiencia	
	que es necedad, porque saca	
	agua que para otros riega;	
	y él a escuras y sediento,	
	acaba donde comienza.	2000
	No seáis macho, no seáis macho.	
	Cogedme unas berenjenas	
	que en Italia no se comen,	
	y vengo muerto por ellas.	
	Daréiselas a este paje.	2005
(A Doña Petronila.)	Miralde bien, y haced cuenta	
	que es mi paje, y que mi paje	

	basta que mi paje sea.
Laura	(Aparte.) (Este hombre es loco, señores.)

(Sale Mansilla.)

Mansilla	El marqués Otavio espera	2010
	que vueselencia le dé	
	lugar para entrar a verla.	
Tomasa	(Aparte.) (¡Ah, traidor! ya te cogí.)	
	Esperáos, ¡hola! ¿Selencia	
	tiene este hombre a su servicio?	2015
Laura	A casa acude.	
Tomasa	Pues venga	
	muchas veces a la mía.	
	Tomad aquesta cadena;	
	que os la doy porque sois cosa	
	de selencia la condesa.	2024
Mansilla	Y déme a mí a pies juntillas	
	vuesiría vuesa alteza,	
	celsitud; paternidad,	
	tú, vos, él o reverencia,	
	el par sin par d'esas patas.	2025
Tomasa	¿Llamáisos?	
Mansilla	Masilla.	
Tomasa	Oveja	
	golosa y mansa, Mansilla,	

                        mama a su madre y la ajena.
                        Algo me oléis a mamón.
                        Idme a ver cuando anochezca;   2030
                        y vos, jardinero hermano,
                        siempre que mi paje os vea,
                        dalde gusto y regalalde
                        y corra esto por mi cuenta.
                        Y pues la aguardan visitas,   2035
                        quédese con Dios, selencia,
                        que yo la veré mañana,
                        o esotro o cuando Dios quiera.

(Vanse los tres.)

Laura   ¿Qué os parece el desposado,
                        Hernando?

Don Hernando   Que en competencia   2040
                        de tal gracia y discreción,
                        ya los celos me hacen guerra.

Laura   ¡No me la hicieran a mí
                        más los que de vuestra tierra,
                        con mayorazgos y primas,   2045
                        os sacan de mi obediencia!

Don Hernando   El alma sí, mi amor no.
                        Id, que el marqués os espera,
                        y ¡ojalá, condesa mía,
                        que como el conde os parezca!   2050

(Vase ella.)

Mansilla   ¿Conde es éste?

Don Hernando	Y condenado.
Mansilla	Dirás a bobuna eterna.
Don Hernando	¿En qué lo echaste de ver?
Mansilla	En que me dio la cadena.

Fin de la segunda jornada

Jornada tercera

Sale de hombre Doña Petronila;y Laura.

Doña Petronila	Que os engañáis, os prometo.	2055
Laura	No me persuadáis a mí, contra lo que escuché y vi, que es vuestro conde discreto.	
Doña Petronila	Milagros de esa hermosura, ¿a quién no han de hacer turbar?	2060

Laura	Ni de mí osaré fiar,
	don Gómez, esa ventura,
	  ni amor, que al principio empieza
	a acreditarse turbado
	(porque en todo enamorado
	la repentina belleza
	  reduce a la vista el alma),
	después que vuelve advertido
	a su lugar el sentido
	que estaba, viéndola, en calma,
	  deja cuerdo de enmendar
	la primera turbación,
	que amor, todo discreción,
	sabe ver y sabe hablar.
	  Mas vuestro conde, en desprecio
	de quien ya le estima en poco,
	entró a visitarme, loco,
	y salió de verme, necio.
		2065
		
		2070
		
		2075

Doña Petronila	Los que en su casa asistimos y con él comunicamos,	2080

	su discreción admiramos	
	y su donaire aplaudimos.	
	Ni su padre os le enviara,	
	ni Pompeyo intercediera	
	a que vuestro esposo fuera,	2085
	si, como decís, le hallara	
	sin partes para agradaros,	
	y amor para pretenderos.	
	Turbóse en llegando a veros	
	ocupóse en contemplaros,	2090
	y como el alma dirige	
	la lengua, y ésta olvidó	
	su acción vital cuando os vio,	
	¿qué mucho, si no la rige	
	quien la fía sus conceptos,	2095
	que en ellos hiciese pausa,	
	y mientras duró la causa,	
	le turbasen sus efectos?	
	Él volverá sobre sí	
	la segunda vez que os vea.	2100
Laura	¡Plegue a Dios que tarde sea!	
Doña Petronila	Algo tenéis vos aquí	
	que os duele más, mi señora,	
	que el conde.	
Laura	Examinador,	
	por lo rapaz, hablador,	2105
	¿quién os mete en eso?	
Doña Petronila	Adora	
	quien sirve, lo que su dueño;	
	y como tiran los gajes	

	sus gentilhombres y pajes,	
	estoy en el mismo empeño.	2110
	que el señor, que os quiere bien;	
	y en fe que en celos se abrasa,	
	los que estamos en su casa	
	tenemos celos también.	
	Pero, pues os doy enfado,	2115
	voyme. Adiós.	
Laura	Volved acá.	
Doña Petronila	Si el conde en desgracia está	
	con vos, y soy su criado,	
	participaré desvelos	
	de su vana pretensión.	2120
Laura	Si por participación	
	tenéis voluntad y celos,	
	bien me debéis de querer.	
Doña Petronila	Amor en los semejantes	
	es mal de participantes.	2125
	¡Pudiera yo merecer	
	igualaros!	
Laura	¿Hay tal paje?	
Doña Petronila	Tuviera yo calidad	
	digna de vuestra beldad	
	en hacienda y en linaje;	2130
	que entonces... No digo nada.	
	adiós, que me vuelvo loco.	
Laura	No os vais, esperáos un poco.	

Doña Petronila	Quien de mi señor se enfada, no es razón, siéndole fiel, que en desprecio de los dos, me detenga.	2135
Laura	Trocad vos talle y ingenio con él, y podrá ser que le estime.	
Doña Petronila	Pues ¿qué le falta a mi dueño?	2140
Laura	Lo que a la imagen de un leño: espíritu que te anime. Si a vuestro cargo se toma su amor, en él os mudad, y veréis mi voluntad.	2145
Doña Petronila	Bien se está san Pedro en Roma.	
Laura	Pues si vos que le servís, y tan fiel os le mostráis aún de palabra dudáis el trueco que resistís, ¿por qué me culpáis de ingrata, cuando audiencia no le doy, ni le amo, siendo quien soy, y vos quien le asiste y trata?	2150
Doña Petronila	Ahora bien; dadme licencia de que me transforme en él, y represente el papel del dicho conde en su ausencia; veréis la mucha razón	2155

	que me obliga a no trocar	2160
	sujetos que han de aumentar	
	los grados de su pasión.	
Laura	Vaya, que gusto de oíros,	
	y el sitio alegre convida	
	a burlas con que despida	2165
	soledades y suspiros.	
Doña Petronila	Ya soy el conde, en efecto.	
Laura	Por tal el talle os abona,	
	que aunque en tercera persona	
	deseo verle discreto.	2170
Doña Petronila	(Como que llega con el sombrero en la mano.)	
	Vaya pues. - Pleitos parientes,	
	por serlo, más peligrosos,	
	prima y señora, amorosos,	
	a atajar inconvenientes,	
	de Milán me traen a España,	2175
	de mi padre persuadido	
	que amor, que tercero ha sido	
	de quien con él se acompaña,	
	pudiera facilitarlos	
	a no llegar a impedirlos	2180
	celos, que antes de admitirlos,	
	me ocasionan a llorarlos.	
	Temeroso del marqués	
	Otavio, mi opositor,	
	y el enemigo mayor	2185
	de mi padre, la causa es	
	de venir disimulado	
	en el traje que me esconde,	

y que el verdadero conde
del fingido sea criado. 2190
De mí mismo presumido,
tan gallardo me fingí,
que en viéndoos, me prometí
ser luego de vos querido,
    y que vuestra libertad, 2195
de ninguno conquistada,
para mí solo guardada,
me rindiera su beldad.
    Mas como en Madrid amor,
universal mercader, 2200
todo es comprar y vender,
siendo el gusto corredor;
    viendo lo que el vuestro precia
disfraces, sé, Laura hermosa,
que no hay hermosura ociosa, 2205
ni presunción sin ser necia.
    No es el amante primero
que cuadros y engaños traza
quien esperanzas disfraza
en sombras de jardinero; 2210
    pero tampoco serán
estas las primeras flores
que a engaños lisonjeadores
ocasión y amparo dan.
    Fácil mostraros pudiera, 2215
si secretos revelara,
dama que os desengañara
y a olvidar os persuadiera,
    que en la casa donde vivo,
llora cierta doña Inés 2220
de un don Fernando Cortés
traiciones, que os apercibo

     para que os den escarmientos;
pues en Málaga engañada,
cuando adquirida olvidada, 2225
a ejecutar juramentos
     viene de quien, incapaz
del bien que el amor encierra,
huyó a Italia, y por la guerra
trocó promesas de paz. 2230
     Petronila hay en Sevilla
que de su honor acreedora,
los mismos engaños llora;
puesto que con escrebilla
     que con ella ha de casarse, 2235
en añadiendo a su hacienda
la cruz que espera encomienda,
puede ausente consolarse.
     Hablen cartas; que estas dos

(Dáselas.) de Italia a su madre escritas, 2240
aunque son quebradas ditas,
será desengaño en vos.
     Ésta escribió de Madrid,

(Dale otra.) recién llegado; leeldas.
Si estáis celosa, rompeldas; 2245
pero, si cuerda, advertid
     quien sois y en lo que os estima
quien, aunque con vos pleitea,
no ya por dueño os desea,
pero os guarda como a prima, 2250
     y ha de vengar vuestro agravio,
cuando a Valencia del Po
me quiten; que pienso yo
si sabe el marqués Otavio
     (que sí sabrá, pues a hablarle 2255
voy, puesto que os favorece)

89

　　　　　que os ama quien no os merece,
　　　　　que en mi favor he de hallarle.
　　　　　　　Él hará que la sentencia
　　　　　que esperáis, salga por mí; 2260
　　　　　mas pues a vos os perdí,
　　　　　¿qué importa pierda a Valencia?
　　　　　　　Gozad vuestro disfrazado,
　　　　　que siembra afrentas en flores.
　　　　　Y haced a un hombre favores 2265
　　　　　con dos mujeres casado.
　　　　　　　Que con volverme a Milán,
　　　　　y avisar a vuestro tío
　　　　　vuestro amante desvarío,
　　　　　justas disculpas tendrán 2270
　　　　　　　desprecios que sólo en vos
　　　　　malograron mi esperanza.
　　　　　Mas vos me daréis venganza.
　　　　　Postas ¡hola! Prima, adiós,

(Quiere irse.)

Laura　　　　　¡Espera! ¡Escucha! ¿Hay quimeras 2275
　　　　　semejantes? Primo, conde,
　　　　　don Gómez, oye y responde
　　　　　si éstas son burlas o veras.
　　　　　　　Tan a lo vivo te enojas,
　　　　　de tal modo persüades, 2280
　　　　　que con mentiras verdades,
　　　　　si me alegras, me congojas.
　　　　　　　Secretos me has revelado
　　　　　que si mi primo no fueras,
　　　　　nunca saberlos pudieras. 2285
　　　　　¿Quién eres o quién te ha dado
　　　　　　　tan larga cuenta de mí?

¿Qué deseos hechiceros,
entre engaños jardineros,
te hicieron curioso ansí? 2290
    Si desde Milán veniste,
¿cómo a Málaga llegaste?,
¿qué oráculos consultaste,
que de Sevilla supiste
    los agravios que imaginas, 2295
los celos con que me ofendes,
las penas con que me enciendes
con Ineses y sobrinas?
    ¿Quién en la corte tan presto,
te enseñó esa doña Inés? 2300
De don Fernando Cortés,
¿quién te ha informado? ¿Qué es esto,
    cielos? No puedo negarte
ser ésta su firma y letra,
pero quien tanto penetra 2305
o se aprovecha del arte
    ilícita, o mi rigor
amante intenta vencer,
porque sólo puede hacer
tanta diligencia amor. 2310
    ¿Eres el conde mi primo?
Sí dices, pues estás mudo.
Ya me alegra lo que dudo;
por tal tu presencia estimo;
    tu talle me desengaña, 2315
tu gentileza me obliga;
basta que el alma lo diga.
Quien vino por verme a España,
    quien averiguó discreto
traiciones que disfrazadas, 2320
fueron hasta aquí estimadas,

	y ya aborrecer prometo,	
	digno es de correspondencia	
	igual. Don Fernando, en fin,	
	lo que sembró en el jardín	2325
	cogerá; tenga paciencia	
	si cauteloso y astuto,	
	le ofenden mis desengaños;	
	que bien es, quien siembra engaños,	
	que en desprecio coja el fruto.	2330
	Sácame ya d'estas dudas,	
	dime si mi primo eres.	
Doña Petronila	Seré lo que tú quisieres,	
	si en amor desdenes mudas.	
	Yo soy el conde Galeazo,	2335
	que en tu vista me deleito.	
Laura	Pues, conde, acabóse el pleito;	
	la sentencia es este abrazo.	
(Abrázale.)	El don Fernando Cortés	
	murió. No puede igualarte.	2340
Doña Petronila	Pues hoy ha de visitarte	
	su ofendida doña Inés,	
	para que presente veas	
	quien ausente desatina.	
	Y la andaluza sobrina	2345
	también, si hablarla deseas,	
	está en la corte.	
Laura	¿Qué dices?	
Doña Petronila	Esta tarde la verás.	

Laura	A ti te quiero, y no más.	
Doña Petronila	Penas han sido felices	2350
	las que he pasado hasta aquí,	
	pues ansí lealtades pagas.	
Laura	Porque desde hoy satisfagas	
	agravios, haz prueba en mí	
	de lo mucho que te quiero.	2355
Doña Petronila	El jardinero nos mira.	
Laura	Pues un rato te retira;	
	que yo le haré al jardinero	
	que no engañe sencilleces	
	extranjeras.	
Doña Petronila	Voyme, pues.	2360
Laura	¿Volverás?	
Doña Petronila	Con doña Inés.	
Laura	¿Y sin ella?	
Doña Petronila	Muchas veces.	

(Vase y sale Don Hernando, de jardinero.)

Don Hernando	Dilaciones, mi condesa,	
	que esperanzas marchitando...	
Laura	Basta, basta, don Fernando;	2365
	de conoceros me pesa.	

(Dáselos.)
    Estos papeles mirad,
y obligaciones cumplid;
que aunque es confusión Madrid,
tiene mucha claridad   2370
    su cielo, con que da luz
a engaños y deslealtades.
Empeños y voluntades,
caballero y andaluz,
    no son pleitos de acreedores   2375
que se dejan a herederos;
basta que deban dineros
y no paguen los señores,
    sin que deban la opinión
engañada por sencilla.   2380
En Málaga y en Sevilla,
(será en su Contratación)
    tenéis vuestros intereses,
y es bien los correspondáis.
Si mercader no quebráis   2385
con Petronilas e Ineses,
    cuyas esperanzas secas,
aunque aquí las cultivéis
se quejan de que las déis
engaños por hipotecas.   2390
    Mirad que se cumple el plazo
que a estas deudas corresponde,
y que está en Madrid un conde
que es mi primo y es Galeazo,
    y llevará mal el veros   2395
aquí desluciendo oficios;
que dicen mal artificios
que suelen dejar dineros.
    Escoged entre las dos
la más hermosa, y salid   2400

                        d'esta huerta y de Madrid,
                        o haréos yo salir. Adiós.

(Vase.)

Don Hernando   ¿Qué es esto, Laura? ¿Qué es esto,
                        condesa, señora mía?
                        ¡El pesar del alegría   2405
                        tan cerca, cielos, tan presto!
                        Mas quien su esperanza ha puesto
                        en yerbas que no dan fruto,
                        ¿qué mucho cobre tributo
                        en flor que fácil se pierde,   2410
                        viva a la mañana y verde,
                        muerta a la noche y con luto?
                            ¿Qué Ineses, si ya casada
                        la que adoré me dejó?
                        ¿Qué Petronilas, si yo,   2415
                        Laura, el alma os tengo dada?
                        Dióme en Sevilla posada
                        mi prima; mas si no vi
                        su hija, ¿en qué la ofendí?
                        ¿Es la voluntad moneda   2420
                        con que paga el que se hospeda
                        regalos? Diréis que sí.
                            Míos los papeles son,
                        con que Laura me lastima.
                        Escribiólos a mi prima   2425
                        no mi amor, mi obligación.
                        Rigurosa ejecución,
                        ¿en palabras haces prenda?
                        Trueque amor, contrate y venda
                        si al interés se avasalla;   2430
                        mas no me obligue a compralla,

                        ausente y sin ver la hacienda.
                            ¿Quién os pudo, Laura, dar
                        papeles, mis enemigos?
                        ¿Quién en la corte testigos   2435
                        os hizo de mi pesar?
                        Celos por averiguar
                        infiernos son, que no celos.
                        O moriré, o sacarélos
                        en limpio y sabré mis daños   2440
                        que más valen desengaños,
                        que morir entre recelos.

(Quiere irse, y detiénele Doña Petronila, de hombre.)

Doña Petronila   Don Hernando, cierta dama
                        que en casa del conde vive,
                        y este papel os escribe,   2445
                        sobrina vuestra se llama.
                            No sé yo cómo ha sabido
                        que aquí vivís disfrazado;
                        amor, que es todo cuidado,
                        vuestro fiscal habrá sido.   2450
                            Velda; que corre su honor
                        riesgo agora manifiesto,
(Dale un papel.)   y por lo que os toca en esto,
                        debéis hacerla favor.
                            La calle de la Gorguera,   2455
                        en frente San Sebastián,
                        buscad; que en ella os dirán
                        su casa, y ved que os espera;
                            pues, si como dice, es
                        sobrina vuestra, y no vais   2460
                        aunque Cortés os llamáis,
                        no os tendremos por cortés.

(Vase.)

Don Hernando	Alto, a ejecutar papeles
	que a su madre la escrebí,
	mis penas la traen aquí, 2465
	ya con celos más crueles.
	Habrále a Laura vendido
	quimeras y obligaciones,
	que en sus imaginaciones
	engendran desdén y olvido. 2470
	Mas ia Madrid de Sevilla
	una mujer principal,
	sin verme, haciendo caudal
	solamente de escrebilla!
	¡Y en casa del conde! ¡Cielos! 2475
	¿Tan presto se han conocido?
	Pero si el conde ha sabido
	mi disfraz, y tiene celos,
	no es mucho, amor, que procures
	que mi esperanza destrocen; 2480
	que en viéndose se conocen
	los celosos y tahures.
	Sepamos qué determina
	de mí, o qué puede quererme
	quien me ejecuta sin verme. 2485
	¡Válgate Dios por sobrina!

(Papel.)

(Lee.)	«La tempestad y inclemencia
	del cielo, en la patria mía
	hacienda y madre en un día
	me quitó, no la paciencia. 2490

Sólo tengo por herencia
palabras que por escrito
en vuestra sangre acredito;
mas podréisme responder
que del decir al hacer, 2495
don Fernando, hay infinito.
　No os quiero yo limitar
gustos que hacen disfrazaros;
sólo con veros y hablaros
penas pretendo aliviar. 2500
Mucho tenemos que hablar,
y mucho más de vos fío.
Duélaos el destierro mío;
y vedme que es importante,
si no queréis como amante, 2505
a lo menos como tío.»
　¡Bien mi dicha se restaura
con sobrina y sin hacienda,
que desterrada pretenda,
hacer competencia a Laura! 2510
　¡Y bien a su amor me obliga,
solicitando rigores
de quien esperanzas flores
con menosprecio castiga!
　Con Laura me ha descompuesto, 2515
doña Petronila, en fin;
su desdén secó el jardín
que mi amor le había dispuesto.
　Bien podré satisfacerla,
aunque renuncie disfraces, 2520
(que celos paran en paces)
y más haciendo que a verla
　vaya su competidora.
Mas ¿cómo podré después,

         celosa de doña Inés, 2525
         siempre mi perseguidora,
             desmentir tantas sospechas?
         ¿O cómo pudo saber
         mi Laura d'esta mujer,
         y de memorias deshechas 2530
             fabricar enojos tales?
         Mas también habrá venido
         a Madrid porque el sentido
         me quiten juntos mis males.
             Dejemos transformaciones 2535
         que tan mal se me han logrado,
         y ya mi amor declarado
         aliente sus pretensiones.
             Veamos esta sobrina
         que solicita mis daños; 2540
         pagaréla en desengaños
         el mal que a hacerme se inclina,
             y a Laura reduciré
         a que, averiguando enojos,
         vuelva mi paz a sus ojos; 2545
         que si me ama, bien podré.
             A Mansilla buscar quiero
         para mudar de vestido.
         Esta vez no habéis salido,
         amor, diestro jardinero. 2550

(Vase.)

(Salen Tomasa, de labradora, rebozada con la toca, y Mansilla.)

Tomasa   Déjeme lavar mi ropa,
                  le digo, y hágase allá.

Mansilla Vuelve la fachada acá
y no mires por la popa;
 advierte que me destilas 2555
el alma y el corazón.
¡Bien haya quien el jabón
hizo, y inventó las pilas!
 ¡Bendito sea el regidor,
que entre floridos matices 2560
condujo jabonatrices
para que se lave amor!
 Ni sus salas ni planteles,
cuadros, estatuas, pinturas,
grutescos, arquitecturas, 2565
rejas, balcones, canceles
 se igualan a la invención
que en tanta pila dilata
brazos fregones de plata
entre ninfas de vellón. 2570
 ¡No me hiciera a mí poeta,
el dios rubio, todo cara!
Panegíricos cantara
a la invención arquitecta
 de Juan Fernández, que aquí, 2575
refugio de mantellinas,
labró pilas cristalinas.
¡Vive Dios!, que cuando vi
 gorronas en letanía,
pilones en procesión 2580
sudando espuma el jabón
entre sucia trapería,
 que a fuer de disciplinantes,
con los golpazos que daban,
la pobre ropa llagaban 2585
y a ti entre tus semejantes

	cerniendo jabonaduras,	
	y amasando camisones,	
	que dije: «Si aquí te pones,	
	amor, no andarás a oscuras;	2590
	que dando ojos por despojos,	
	aquí, por lavar aprisa,	
	la más flamante camisa	
	sale, rota, un argos de ojos.»	
	Ea, destapa la boca,	2595
	brilladora lavatriz;	
	no se atreva a la nariz	
	la descomedida toca;	
	mira que me estás torciendo	
	el alma como pañal.	2600
Tomasa	No lo sabe decir mal	
	el lacayazo.	
Mansilla	Ya entiendo;	
	turrón quieres.	
Tomasa	El picaño	
	debe soñarse en la aldea,	
	huésped de una chimenea,	2605
	y adúltero de un escaño.	
Mansilla	¡Zape! Astróloga acusanta,	
	¿quién de escaños te informó?,	
	que si la espetera no,	
	por Dios que eres nigromanta.	2610
	¿Quién el soplo vivo fue	
	d'este caso?	
Tomasa	La noticia	

	que tiene del la justicia,	
	a quien aviso daré	
	de que siendo un ganapán,	2615
	con alquilados vestidos	
	y cuentos no sucedidos,	
	se vende por capitán,	
	y labradoras engaña	
	con plumitas y sombrero.	2620
	Todo se sabe, chancero;	
	parientes tengo en Ocaña.	
	Tras él vino con su padre	
	la del escaño; y en otro	
	cantará, que llaman potro,	2625
	a las tres ánades madre.	
	(Si nones decir espera)	
	el que de una cuchillada	
	sabe dar tal cabezada,	
	que hilvana toda una hilera.	2630
	Pues, míreme aquesta cara.	

(Destápase.)

Mansilla	¡Tomasa del alma mía!	
	¿Tú en Madrid?	
Tomasa	¿Pues qué quería?,	
	¿que la jineta aguardara,	
	que en almohaza ha trocado?	2635
	Aquí en busca suya estoy.	
Mansilla	Los brazos y alma te doy.	
	¿Quién tan presto te ha enseñado	
	a hablar sacudidamente?	

| Tomasa | Pues yo, ¿cuándo muda he sido? | 2640 |

| Mansilla | Mujer muda no la ha habido, mas labradora inocente ¿en Madrid, deja su casa, y fullera jaboniza? | |

Tomasa
Ansí el amor se desliza. 2645
Quedando cual vio Tomasa,
   y sabiendo padre el caso,
¿qué tenía que esperar?
Sirvo en aqueste lugar
a una dama, toda raso, 2650
   y no ha de verme mi aldea
mientras que no desengaño...

Mansilla
Querrás decir al escaño,
y madrina chimenea.

Tomasa
   Que vuelvo con mi marido. 2655

Mansilla
Si quieres, presto será.
¿Dónde vives?

Tomasa
            Cerca está,
aunque el sitio es escondido.
   Yo me le sabré buscar
cuando le haya menester; 2660
que agora no puede ser.

Mansilla
¿Pues por qué?

Tomasa
            Es nunca acabar.
No me ronde lavanderas,

	ni pilas atisbe, ¿entiende?	
	Si es que anochecer pretende	2665
	con las costillas enteras;	
	si no por aquí se esté,	
	sabrá después lo que pasa.	
Mansilla	¿Qué garatusas, Tomasa,	
	son éstas?	
Tomasa	Se las diré	2670
	cuando importe.	

(Sale un criado.)

Criado	Don Fernando	
	en la posada os espera.	
Mansilla	¿Tenemos nueva quimera?	
Criado	Sayales va renunciando	
	y viste a lo caballero.	2675
Mansilla	Celuchos deben de ser.	
	¿Me vendrás mañana a ver?	
Tomasa	A las dos.	
Mansilla	Mucho te quiero;	
	pero viendo que tu casa	
	me ocultas, celos me das.	2680
	Niña, en un lugar estás	
	donde por todo se pasa;	
	no pase todo por ti.	

Tomasa	Ni por él, dándome enojos.
	Ponga dïeta en los ojos, 2685
	o acordaráse de mí.

(Vanse.)

(Salen Doña Petronila con manto, y el Conde; tápase ella la cara.)

Doña Petronila	Ya sabrá vueseñoría
	quien soy.
Conde	Aunque no me atrevo
	a pedir que os descubráis,
	en fe que no lo merezco, 2690
	ya, mi señora, me ha dicho
	obligaciones y empleos
	don Gómez, que me aseguran
	de competencias y celos.
	Sé que doña Petronila 2695
	sois, con prendas de por medio
	que obligan a que os adore
	quien os confiesa por dueño.
	Pidióme que os aguardase
	aquí; que como le tengo 2700
	por tan mi amigo, se ocupa
	en dar traza a mis remedios.
	Si por serlo suyo yo,
	agora obligaros puedo
	a que despojando estorbos, 2705
	ya que os hablo, pueda veros,
	la misma seguridad
	y llaneza en mí os ofrezco,
	que en don Gómez, vuestro amante;
	pero si no gustáis d'esto, 2710

	no pretendo yo enojaros.	
Doña Petronila	Vuestro término discreto,	
	más tiene fuerza de leyes,	
	conde ilustre, que de ruegos;	
	mas hoy no puedo serviros:	2715
	deslucen muchos desvelos,	
	y cáusamelos don Gómez.	
	Con tantos divertimientos	
	desacreditó su gusto;	
	y si el rostro agora os muestro,	2720
	juzgaréisele estragado;	
	que no vengo de provecho.	
	Otro día os serviré.	
Conde	Yo, mi señora, os prometo	
	que si por la muestra saco	2725
	lo que me encubre ese velo,	
	que a don Gómez tengo envidia,	
	porque el donaire y despejo,	
	la discreción y el agrado	
	que apoyan lo que no veo,	2730
	es tal...	
Doña Petronila	Basta, señor conde.	

(Muestra una mano sin guante.)

Conde	Esa mano que respeto	
	por lo grave y por lo hermoso,	
	proporcionado instrumento	
	de la cara que adivino,	2735
	asegura los recelos	
	que fingís, porque el criado	

                       nunca se aventaja al dueño.
                       ¿Había naturaleza,
                       sabia siempre en sus efectos,   2740
                       de deshermanar la cara
                       de tan bella mano y cuerpo?
                       No, señora, no es posible.
                       Perdonadme, si os desmiento,
                       que un mentís en tales casos,   2745
                       servicio es más que desprecio.

Doña Petronila   Yo le estimo por favor,
                       y ¡ojalá me hiciera el cielo
                       como vos me imagináis,
                       pincel vuestro pensamiento!   2750
                       Compitiera más segura
                       con la condesa, a quien temo
                       las ventajas que la envidio,
                       y gracias que la concedo.
                       Sólo en la desigualdad   2755
                       de su amor culparla puedo,
                       pues condesas y estudiantes
                       desproporcionan sujetos.
                       ¡Cuánto mejor le estuvieran,
                       a no pintarse amor ciego,   2760
                       las prendas que en vos ignora
                       conde, galán y su deudo!
                       Las mujeres, en fin, somos
                       esfera de los defectos;
                       como tales elegimos   2765
                       gustos, no merecimientos...
                       ¡Plegue a Dios que mienta yo
                       y que don Gómez, tercero,
                       tan cerca de los peligros,
                       no venga a anegarse en ellos!   2770

Conde	En esa parte, señora,
	perdonadme; que le precio
	más que vos, pues d'él confío
	lo que en vos dudoso veo.
Doña Petronila	Estoy celosa.
Conde	Yo y todo; 2775
	mas hay dos suertes de celos,
	unos nobles y otros no;
	y si de Laura los tengo,
	en don Gómez los alivio.
	Español y caballero, 2780
	sabio por la profesión,
	y por la experiencia cuerdo,
	ni faltará a mi amistad,
	ni despreciará el empeño
	con que amor os eslabona, 2785
	de los dos hermoso enjerto.
Doña Petronila	¿Luego díjoos...?
Conde	Ya me ha dicho
	que es bisagra un ángel tierno
	de vuestras dos voluntades;
	que entre él y mí no hay secretos. 2790

(Sale Roberto.)

Roberto	Vargas me envía a avisar
	a vueseñoría que luego
	se llegue a la huerta dicha
	de Juan Fernández; que el pleito

	salió ya en favor de Laura,	2795
	y hay muchas cosas de nuevo	
	que en el de vueseñoría	
	nuestro don Gómez ha hecho.	
Conde	¡Válgame Dios! Perdonadme,	
	señora, si agora os dejo,	2800
	que en vuestra casa quedáis,	
	mientras con don Gómez vuelvo.	
Doña Petronila	Ruego a Dios, conde y señor,	
	que de un próspero suceso	
	vengan a pedirme albricias,	2805
	por la parte que en él tengo.	
Conde	Adiós.	
Doña Petronila	Señor, advertid	
	que aguardo.	
Conde	Luego volvemos	
	don Gómez y yo. Quedáos	
	con esta dama, Roberto.	2810

(Vase.)

Doña Petronila	Hacedme merced, hildalgo,	
	de llamarme un caballero,	
	que es mi tío y en mi busca	
	llegará, a lo que sospecho	
	(si no ha llegado) a esta casa.	2815
Roberto	Que me place.	

Doña Petronila	Y en viniendo no dejéis entrar a nadie; que importa hablarle en secreto.
Roberto	En todo seréis servida.

(Vase.)

Doña Petronila (Descúbrese.)	Amor siempre invencionero, quimera todo y embustes, ¿qué fin han de tener estos?	2820

(Salen Roberto, y Don Hernando de rúa con hábito de Santiago.)

Roberto	Aquí está vuestra sobrina; entrad, y seré portero, porque ansí me lo ha mandado la misma.	2825
Don Hernando	Guárdeos el cielo.	
Doña Petronila	¡Don Hernando de mis ojos!, pues he merecido veros, ya podré olvidar trabajos que ocasionan mi destierro. Aguardando estaba un coche (como veis, el manto puesto), dudosa de que bastasen papeles y parentescos a sacaros de hortelano; y a no venir, os prometo que pensaba ir en persona, tío, a haceros un mal tercio. Habladme, dadme esos brazos;	2830 2835

	que por amantes y deudos,	2840
	bien los puedo merecer	
	en albricias de que os veo.	
	Parece que os extrañáis	
	de hablarme.	
Don Hernando	Fuera yo necio,	
	si en tantas admiraciones	2845
	no me asombrara suspenso.	
	Vuestra hermosura y agrado	
	me enmudece, lo primero,	
	quejoso de que mi prima	
	tanto bien me haya encubierto.	2850
	Lo segundo, el ver que aquí	
	mujer de tantos respetos	
	y nobleza como vos,	
	se atreva desde tan lejos	
	a ejecutar cortesías,	2855
	que parando en cumplimientos,	
	fuera fácil descartarlos,	
	a no cautivarme el veros.	
	Lo tercero, de que estéis,	
	no huéspeda, pero dueño	2860
	d'esta casa, donde vive	
	un conde, y ése extranjero,	
	de ayer venido. Lo cuarto	
	que me conozcáis tan presto	
	sin haberme visto nunca.	2865
	Pudiera alegar, tras esto,	
	agravios no merecidos	
	con que me habéis descompuesto	
	con Laura, de cuyo amor	
	solos ya desdenes medro;	2870
	además, si no me engaño,	

	de que en vos la imagen veo	
	de un don Gómez que me trujo	
	esta tarde un papel vuestro.	
	Ved si hay causas de admirarme.	2875
Doña Petronila	Un algo nos parecemos	
	ese paje y yo, es verdad;	
	mas eso, Hernando, no es nuevo.	
	Murió en Sevilla mi madre	
	en el rigor d'este invierno	2880
	a manos de aquel diluvio	
	que tantos pobres ha hecho.	
	Habíame prometido,	
	enseñándome los pliegos	
	que de Italia y d'esta corte	2885
	la enviastes, que en honestos	
	lazos de amor os tendría	
	brevemente por mi dueño;	
	y deseábalo mucho,	
	obligándoos hasta en esto.	2890
	Estaba yo... (perdonadme	
	si declaro pensamientos	
	que la vergüenza hasta agora	
	tuvo ocultos en mi pecho),	
	estaba yo enamorada	2895
	desde que una noche os vieron	
	curiosidades prohibidas	
	que engendraron mis deseos,	
	puesto que a puerta cerrada,	
	por permisiones que el tiempo	2900
	supo abrir en sus molduras;	
	que aun en ellas hay cohechos.	
	Como os partistes a Italia	
	aquella tarde sin vernos,	

y amor con la privación 2905
es lo mismo que con celos,
cuanto más dificultoso
os consideré, dio aliento
a centellas, que imposibles,
no pararon hasta incendios. 2910
Sin vos, sin mí y sin mi madre,
vine en vuestro seguimiento
por lo más, ya que perdí
la hacienda que fue lo menos;
quiero decir, por el alma; 2915
que ya que mis bienes pierdo
aunque en ella halle mis males,
busca su consorte el cuerpo.
No faltaron en Madrid
Argos, Fernando, que os vieron 2920
cohechar jardines y flores,
y al conde noticia dieron
de malicias, ya verdades,
que averiguando los celos,
para desmentir peligros, 2925
pararon en embelecos.
Apeóse en mi posada
el dicho conde, y pudieron
según él finge, obligarle
mis ojos, que él llama cielos, 2930
a divertirle de Laura.
Y esto, Hernando, en tanto extremo,
que informado de quien soy,
en saliendo con un pleito
que importante aquí litiga, 2935
con lícitos himeneos
me ofrece en Italia estados
y en España pensamientos.

Puso casa, y en un cuarto
d'ella dándome aposento, 2940
si amante me solicita,
me honra como caballero.
Para burlarse de Laura,
hizo al paje más grosero,
que la viese, falso conde; 2945
ya os hallastes al suceso.
Tío, mi padre me escribe
que con más de cien mil pesos
viene a cubrir de diamantes
la cruz que os adorna el pecho 2950
si pagáis obligaciones,
cuando un conde menosprecio,
y con el nombre de esposo
gustáis realzar el de deudo.
Dejad pretensiones vanas; 2955
porque os afirmo por cierto
que don Gómez, ese mozo,
a quien dicen me parezco,
tiene en Laura tanta parte
(pues yo os lo afirmo, creeldo), 2960
que hay quien ha visto que pasan
de los límites honestos.
Díjele cuánto os quería;
ofreció ser mi tercero;
dióme de sus dichas parte; 2965
y para aliviar sus celos,
vuestras cartas me pidió,
que a la condesa pudieron
persuadir a los engaños
que lloran vuestros desvelos. 2970
Como en que Laura os olvide
tanto, mi Hernando, intereso,

	también yo he solicitado	
	con ella sus menosprecios.	
	Obligaciones de tío,	2975
	promesas de caballero,	
	correspondencias de amante,	
	resoluciones de cuerdo	
	os intimo; si admitís	
	la voluntad que os ofrezco,	2980
	ni yo lloraré desgracias	
	ni vos sentiréis desprecios.	
Don Hernando	Ahora, sobrina, estas cosas	
	piden dilación al tiempo,	
	información a la fama,	2985
	y a la prudencia consejo;	
	tratarémoslas de espacio	
	yo vendré a la noche a veros.	
(Aparte.)	(Quedáos con Dios. Muerto voy	
	de agravios, de amor y celos.)	2990
(Vase.)		
Doña Petronila	Esto lleva ya camino.	
(Cúbrese.)		
(Sale Roberto.)		
Roberto	Ya se fue aquel caballero.	
Doña Petronila	Y el conde se tarda mucho.	
	Yo tengo la casa lejos.	
	Sepa si volvió la silla	2995
	por mí.	

Roberto	Con un escudero, pienso que os espera abajo.
Doña Petronila	Pues diga el señor Roberto al conde que me perdone; que mañana le prometo 3000 volverle a besar las manos; y a don Gómez que le debo el cuidado con que estuvo aguardándome al encuentro para acompañarme; que es 3005 puntualísimo en extremo.

(Vanse.)

(Salen Tomasa con manto, y de dama muy bizarra, y Laura en cuerpo.)

Tomasa	Favorece vueselencia mi humildad como quien es.
Laura	Vos, señora doña Inés, en discreción y en presencia 3010 merecéis que don Fernando os adore; y para mí, quien de vos se olvida ansí otras bellezas buscando, estragado tiene el gusto. 3015
Tomasa	Aunque peca de inconstante, es Fernando vuestro amante, y viéndoos no fuera justo que de amor no mejorara; pues siendo conde con vos, 3020

correspondidos los dos,
no es mucho que me olvidara.
 Salistes con la sentencia,
que gocéis por muchos años;
sacáronme mis engaños   3025
de Málaga; y la inocencia,
 que en las de mi profesión
se funda en recogimiento,
podrá servir de escarmiento
si no de satisfación,   3030
 a quien como yo se deja
de palabras engañar.

Laura Don Gómez me vino a dar
cuenta de la justa queja
 que don Fernando Cortés   3035
os causa; y tengo noticia,
que su amor, todo malicia,
ha alcanzado, doña Inés,
 de vos, lo que no se puede
restaurar no siendo esposo   3040
vuestro.

Tomasa El amor engañoso
lo que no cumple concede.
 A costa de mi vergüenza,
confieso lo que decís.

Laura Si ese derecho adquirís,   3045
la razón, doña Inés, venza;
 que yo no he de ser mujer
de quien ya para con Dios
está casado con vos.
Ya de mí no hay que temer.   3050

        Galeazo Malatesta,
        aunque oculto a verme vino,
        engaños cuerdo previno
        de quien ya mi amor molesta.
            Es mi primo, y pues salí   3055
        en el pleito vencedora,
        dándole la mano agora
        verá que hay valor en mí
            para pleitear estados
        y amor para restaurar   3060
        pérdidas que han de premiar
        sus amorosos cuidados.

Tomasa   Sois victoriosa y amante.

Laura   De mí, Inés, estad segura;
                pero no de otra hermosura   3065
                con la vuestra litigante,
                    que en Sevilla se dejó
                engañar cual vos, y agora,
                en Madrid competidora,
                en tres cartas alegó
                    palabras que recopila,
                y os ha de dar bien que hacer
                por ellas. Es su mujer
                cierta doña Petronila,
                    su sobrina y sevillana.   3075

Tomasa   Siendo primero acreedor
                en esas deudas mi amor,
                la justicia tengo llana;
                    y un testigo de dos años
                que traigo a Madrid conmigo.   3080

Laura	Ese es parte y es testigo
	que sacará a luz engaños.
	¿Es posible que se atreva,
	quien así se ve obligado,
	al cielo?
Tomasa	Un enamorado 3085
	tras sí los sentidos lleva.
	Bien le pueden disculpar
	hermosura, amor y ausencia.

(Sale un Criado.)

Criado	Una dama a vueselencia
	plácemes le viene a dar 3090
	del pleito con que ha salido.
Laura	¿Quién es?
Criado	Dice que se llama
	doña Petronila.
Laura	Dama
	de vuestro ofensor ha sido;
	mirad si os dije verdad. 3095
	¿Queréis verla?
Tomasa	No, señora;
	que siendo mi opositora,
	perderé a la autoridad
	que merece vueselencia
	el respeto, y no es razón 3100
	dar a enojos ocasión.
	Irme quiero.

Laura	Esa es prudencia. Mirad que habemos de ser muy amigas desde hoy.	
Tomasa	Bésoos las manos. Yo soy vuestra esclava.	3105

(Vase.)

Laura	Esta mujer he visto yo no sé dónde; paréceme que jurara que se retrató en su cara la del mentiroso conde.	3110

(Sale Doña Petronila, cubierta la cara.)

Doña Petronila	Don Gómez, señora mía,
	a quien le debe mi honor
	la confidencia y favor
	que de mi esperanza fía,
	  me mandó que a visitaros
	a instancia suya viniese,
	y parabienes os diese
	de que ya pueda llamaros
	  condesa suya Valencia.
	Goce de su posesión
	digna de tal perfección
	otras muchas vueselencia,
	  y téngame a mí por suya.
		3115
		
		3120

Laura	Cuenta don Gómez me ha dado de quién sois y del cuidado	3125

	que os trujo a Madrid. Arguya	
	de vuestra belleza agora	
	mi vista la ingratitud	
	de una loca juventud	
	que os ha olvidado. Señora,	3130
	apartad del rostro el manto.	
(Descúbrese.)		
Doña Petronila	Serviros es mi deseo.	
Laura	¡Jesús! ¿Qué es esto que veo?	
Doña Petronila	No me admira vuestro espanto;	
	que somos muy parecidos	3135
	don Gómez y yo.	
Laura	No sé	
	si viéndoos, crédito dé	
	a mi engaño o mis sentidos.	
	Admiro tal semejanza.	
Doña Petronila	Como esa es causa de amor,	3140
	solicité su favor,	
	y vive en él mi esperanza.	
	Quiso Dios que se apease	
	en la posada en que moro,	
	y el menosprecio que lloro	3145
	mis desdichas le contase;	
	y d'ellas compadecido	
	don Gómez me prometió	
	socorros que ya cumplió;	
	pues según d'el he sabido,	3150
	ya don Hernando Cortés	

	no podrá lograr en vos
	los engaños que a otras dos
	ha hecho.
Laura	Una doña Inés,
	de Málaga, puede haceros 3155
	contradicción; que de mí
	no hay recelos desde aquí,
	que os den causa de ofenderos.
	¡Líbreme Dios de tal hombre!
Doña Petronila	Ya yo sé que esa mujer 3160
	esta tarde os vino a ver;
	mas no hay por qué eso me asombre,
	que todo son fingimientos.
Laura	Por cierto, si cual la cara,
	vuestro derecho os ampara, 3165
	que tenéis merecimientos
	dignos de que don Fernando
	más que a todas os estime.
Doña Petronila	Vuestra hermosura reprime
	memorias que estoy llorando; 3170
	puesto que como os adora
	don Gómez... (el conde digo;
	que declarado conmigo,
	de todo soy sabidora)
	no tengo que temer daños, 3175
	aunque sí merecimientos,
	pues os darán escarmientos
	consejos en desengaños.
	¡Dichoso, si ha de ser dueño
	don Gómez d'esa beldad! 3180

Laura	Vivid con seguridad de que el amor que le enseño, 　no es fingido.	
Doña Petronila	Sois tan sabia como hermosa en elegir tal sujeto.	
Laura	Séos decir que el ingrato que os agravia 　aunque se llama Cortés, desdice de su apellido, pues que con vos no lo ha sido. Líbreos Dios de doña Inés, 　que por la similitud que con don Gómez tenéis deseo mucho que troquéis en amor su ingratitud.	3185 3190
Doña Petronila	No me hagáis vos competencia, que en lo demás no hay temor que desespere mi amor.	3195

(Sale un Criado.)

Criado	A hablar a vuestra excelencia 　entra un caballero.	
Doña Petronila	Dadme licencia...	
Laura	Con que volváis a verme.	3200

Doña Petronila	¿De eso dudáis?
Laura	Petronila, visitadme;
	que os quiero mucho.

Doña Petronila   Será
              no por lo que yo merezco,
              mas por lo que me parezco   3205
              al conde que pena os da.

Laura   Mucho merecéis por vos;
              mucho por él os estimo.

Doña Petronila Sois su dama, es vuestro primo,
              y yo vuestra esclava. Adiós.   3210

(Sale el Conde.)

Conde   Ya que el pleito vencistes
              justamente, hermosa Laura,
              y con Valencia perdí
              la libertad, vuestra esclava,
              puesto que agora pudiera   3215
              dar a mis celos venganza,
              apoyando desposorios
              de quien amáis engañada,
              mi noble amor no consiente
              que cuando os volváis a Italia   3220
              llevéis menos la opinión
              que tarde el tiempo restaura.
              El jardinero fingido
              que aquí cultivó esperanzas,
              cogiendo el fruto en desdenes,   3225

que lastiman, si no matan,
cuenta me ha dado de todo
lo que con don Gómez pasa,
el amor que le tenéis
y, de vos misma olvidada, 3230
las sospechas con que queda
ofendida vuestra fama;
que ya estas fuentes murmuran
lo que estos jardines callan.
Y aunque don Fernando es noble, 3235
no creyera sus palabras,
porque ya yo sé que celos
mentiras y enredos tratan,
si el mismo ingrato don Gómez,
que aposentado en mi casa, 3240
y, amigo falso, en mi pecho,
ocasiona estas marañas,
en vez de terciar mis dichas,
reducirme a vuestra gracia,
y cumplir palabras suyas, 3245
todo engaños, todo caras,
conmigo y con vos traidor,
cuanto más finge que os ama,
más vuestra opinión desdora,
más vuestra afrenta amenaza. 3250
Él me contó los sucesos
de Alcalá, donde hospedada,
os lisonjeó atrevido
la noche, que a ser vos sabia,
os pudieran persuadir 3255
sutilezas de sotanas
a estudiantes embelecos,
y mentiras gradüadas.
Por orden vuestra se encubre,

mudando en Madrid posadas; 3260
y en vez de cursar escuelas,
cursa aquí materias falsas.
Yo, Laura, soy vuestro primo;
yo el conde soy, que de Italia
a perder paciencia y pleitos 3265
me trasladó amor a España.
Paje es el conde fingido
de don Gómez, que disfraza
para asegurar con vos
su amor y estorbar mudanzas. 3270
Persuadióme a estos enredos,
diciendo que me importaba
encubrirme de enemigos
que antiguos enojos guardan.
Mirad, prima, lo que hacéis; 3275
que don Gómez tiene dama
en Madrid, que es madre ya,
y que su esposa se llama.
Cierta doña Petronila
estuvo poco ha en mi casa 3280
conmigo, de vos celosa,
y a pedir determinada
a la Iglesia le compela
a que cumpliendo palabras
ejecutadas en obras, 3285
tantas quimeras deshaga.
Por lo que a mi sangre debo,
porque os adoro, aunque ingrata,
y por descubrir traiciones
que a luz desengaños sacan, 3290
os vengo a dar este aviso.
Desmentid sospechas falsas,
y pagad merecimientos

de quien os tiene en el alma.

Laura ¿Qué Circes, qué Falerinas 3295
pretenden en esta casa
mezclar hechizos en flores,
que tanto embeleco enlazan?
Hombre, que no sé quién eres,
puesto que conde te llamas, 3300
aunque mi primo te finjas,
si don Hernando te paga
mentiras que me propones,
en balde intentas lograrlas,
cuando verdades desmienten 3305
avisos con que me abrasas.
Esa doña Petronila
agora de aquí se aparta,
de don Fernando quejosa,
burlador de su esperanza. 3310
¿Por qué olvidos que le culpan,
contra don Gómez achacas,
si ella misma se hace lenguas,
pregonera en su alabanza?
¿Qué estudiantes? ¿Qué Alcalá? 3315
¿Qué lisonjas? ¿Qué posadas?
¿Qué amor? ¿Qué escuelas son estas
que de jüicio te sacan?
Yo ya sé quién es don Gómez,
por más que me persüadas 3320
a lo contrario; ya sé
por la firma de tres cartas,
lo que don Fernando debe
a hermosuras sevillanas,
y a Ineses aborrecidas, 3325
en su busca cortesanas;

	ya sé que el intruso conde	
	es su paje, y que se llama	
	Galeazo y es mi primo	
	el don Gómez que amenazas.	3330
	Vete y dile a quien te envía	
	cuán mal le salió la traza	
	con que pensó darme celos,	
	o haré, cuando no te vayas,	
	que tus traiciones castiguen.	3335
Conde	¿Qué es esto, cielos? Mi Laura	
	mira que tu primo soy.	
	Permite que satisfaga...	

(Sale Tomasa de conde.)

Laura	¡Oh, bárbaro! ¿Yo tu prima?	
	¡Criados, hola!	
Tomasa	¿A quién llama,	3340
	prima y señora, selencia?	
	¿Quién la ha dado enojos?	
Laura	Basta;	
	arrimad, hermano, oficios	
	que impropiamente os entallan,	
	pues ya sabemos quién sois.	3345
Tomasa	¡Cómo! Pues ¿quién soy?	
Laura	Vargas,	
	paje del conde.	
Tomasa	Selencia	

	miente como una borracha;	
	que yo don Galeazo soy,	
	y vine en una galeaza.	3350
Conde	Vargas, dejemos las burlas;	
	y pues fueron a mi instancia	
	fingimientos sin provecho,	
	a mi prima desengaña,	
	que niega que soy el conde.	3355
Tomasa	Idos mucho en hora mala,	
	que si dais en ser bufón,	
	no está el tiempo para gracias.	
	Conde he de ser, vive el cielo,	
	desde Getafe hasta Francia,	3360
	y tan conde que el más conde	
	con desmayos por mí vaya.	

(Sale de hombre Doña Petronila.)

Doña Petronila	Prima, ¿qué alboroto es éste?	
Laura	Don Gómez, nos enmarañan	
	embelecos que no entiendo.	3365
	Este hombre que en vuestra casa	
	tenéis, o el seso ha perdido,	
	o pretende que yo salga	
	del mío. Dice que es él	
	mi primo que viene a España	3370
	a pretender ser mi esposo	
	y que vos..., pero son tantas	
	las quimeras que eslabona	
	que unas a otras se embarazan.	
	Pues ya salí con mi pleito,	3375

	fingimientos se deshagan,	
	y renunciando el don Gómez,	
	sepan que os adora Laura	
	por Galeazo mi primo.	
Conde	De mis sentidos me sacan.	3380
	¡Cielos! ¿Duermo? Di, traidor,	
	¿no me has dicho que estudiabas	
	en Alcalá, cuando viste	
	a mi prima, y que una dama	
	que aquí tienes, con un hijo,	3385
	es tu esposa, y que con Laura	
	me habías de desposar?	
Doña Petronila	¡Jesús! ¡Las cosas que ensarta!	
	No os espantéis, prima mía,	
	que de una enfermedad larga	3390
	los lúcidos intervalos	
	que habéis visto, le maltratan.	
Conde	¡Oh villano! ¡Vive el cielo...	

(Sale un Alguacil.)

Alguacil	Que lleve preso me mandan	
	a Galeazo Malatesta,	3395
	que vino a Madrid de Italia.	
	Vueselencia me perdone,	
	que todo vendrá a ser nada,	
	y por saber que es su primo,	
	tendrá por cárcel su casa.	3400
Laura	Pues al conde, ¿qué le imputan?	

Alguacil	Una muerte ocasionada	
	por su padre allá en su tierra;	
	mas todo en Madrid se acaba.	
	Díganme ¿quién es el conde?	3405
(Al Conde.)	¿Sois vos, señor?	

Conde   Quien se alaba
de serlo, y con tal blasón
primo le intitula Laura,
es el que tenéis presente.

(A Doña Petronila.)

Doña Petronila	¿Yo conde? ¿Qué me faltaba?	3410
	Criado del conde, sí,	
(A Tomasa.)	que es éste.	

Tomasa   Si hay condes Vargas,
Vargas conde soy desde hoy;
mas si no, dejando chanzas,
nací en Cabañas de Yepes,   3415
y no nacen en cabañas,
aunque hay tanto conde agora.

Alguacil   ¡Oh! Pues si negarlo tratan,
vénganse todos tres presos.

Tomasa   Señores, que soy Tomasa,   3420
mujer de Mansilla.

Laura   ¿Quién?

Conde   ¿Vos mujer?

Tomasa	No sino el alba.	
	Y el don Gómez, si le ojean	
	a los pies, manos y barbas,	
	¿quién piensan que es?: Petronila	3425
Laura	¿Qué dices?	
Tomasa	La sevillana.	
Laura	¡Jesús! Don Gómez, ¿qué es esto?	
Doña Petronila	Verdades que si adelgazan,	
	no quiebran.	
Tomasa	Embustes míos	
	los vuestros desenmarañan.	3430
	Don Fernando, salí acá...	

(Sale Don Fernando.)

	Y arrimad vos esa vara;	
	que yo os di la comisión,	
	y quiero residenciarla;	
	Fernando, esta es la sobrina	3435
	con cien mil pesos que en barras	
	tiene de dote, y cien mil	
	donaires para adorarla.	
	Acábense las quimeras.	
Don Hernando	Desde que el sol de su cara	3440
	miré, ganó su hermosura	
	desdenes que me asombraban.	
	Vuestro soy.	

Doña Petronila	¡Gracias al cielo!
Conde	Ya estaréis segura, Laura, de que soy el conde yo. 3445
Laura	No será deudor quien paga. Con la mano desempeño peregrinaciones y ansias que habéis pasado por mí.
Conde	Ya glorias podré llamarlas. 3450

(Sale Mansilla.)

Mansilla	No hay dar en todo hoy con ella.
Tomasa	¡Mansilla!
Mansilla	¡Jesús! ¿Fantasmas, ilusiones, qué es aquesto? ¿Quién hizo conde a Tomasa?
Tomasa	Amor y bellaquerías 3455 que en Madrid y en huertas pasan, tan célebres como ésta.
Don Hernando	Alto, reparen desgracias bodas y premios de amor, mientras nuestra corte alaba 3460 La Huerta de Juan Fernández y suple el senado faltas.

    Fin

Libros a la carta
A la carta es un servicio especializado para
empresas,
librerías,
bibliotecas,
editoriales
y centros de enseñanza;
y permite confeccionar libros que, por su formato y concepción, sirven a los propósitos más específicos de estas instituciones.
Las empresas nos encargan ediciones personalizadas para marketing editorial o para regalos institucionales. Y los interesados solicitan, a título personal, ediciones antiguas, o no disponibles en el mercado; y las acompañan con notas y comentarios críticos.
Las ediciones tienen como apoyo un libro de estilo con todo tipo de referencias sobre los criterios de tratamiento tipográfico aplicados a nuestros libros que puede ser consultado en Linkgua-ediciones.com .
Linkgua edita por encargo diferentes versiones de una misma obra con distintos tratamientos ortotipográficos (actualizaciones de carácter divulgativo de un clásico, o versiones estrictamente fieles a la edición original de referencia).
Este servicio de ediciones a la carta le permitirá, si usted se dedica a la enseñanza, tener una forma de hacer pública su interpretación de un texto y, sobre una versión digitalizada «base», usted podrá introducir interpretaciones del texto fuente. Es un tópico que los profesores denuncien en clase los desmanes de una edición, o vayan comentando errores de interpretación de un texto y esta es una solución útil a esa necesidad del mundo académico.
Asimismo publicamos de manera sistemática, en un mismo catálogo, tesis doctorales y actas de congresos académicos, que son distribuidas a través de nuestra Web.
El servicio de «libros a la carta» funciona de dos formas.
1. Tenemos un fondo de libros digitalizados que usted puede personalizar en tiradas de al menos cinco ejemplares. Estas personalizaciones pueden ser de todo tipo: añadir notas de clase para uso de un grupo de estudiantes,

introducir logos corporativos para uso con fines de marketing empresarial, etc. etc.

2. Buscamos libros descatalogados de otras editoriales y los reeditamos en tiradas cortas a petición de un cliente.

www.ingramcontent.com/pod-product-compliance
Lightning Source LLC
Chambersburg PA
CBHW022118040426
42450CB00006B/750